XIAOXUE YUWEN PINGJIA YU KAOSHI GAIGE

小学语文评价与考试改革 （上）

学生发展的重要基础是阅读、口语交际等能力，并进行考查

淡化考试的甄别与选拔功能，使语文考试成为促进学生发展、教师提高和改进教学实践的重要手段。

郑 丹　黄慧兰　张新光◎主编

黑龙江教育出版社

图书在版编目(CIP)数据

小学语文评价与考试改革/郑丹,黄慧兰,张新光主编.--哈尔滨:黑龙江教育出版社,2004.4(2012.3重印)

ISBN 978－7－5316－3805－6

Ⅰ.①小… Ⅱ.①郑…②黄…③张… Ⅲ.①小学语文课—教育评估②小学语文课—考试制度—教育改革 Ⅳ.①G623.203

中国版本图书馆 CIP 数据核字(2012)第 019814 号

小学语文评价与考试改革
XIAOXUE YUWEN PINGJIA YU KAOSHI GAIGE

郑　丹　黄慧兰　张新光　主编

责任编辑	宋舒白
封面设计	高　天
责任校对	高　峰
出版发行	黑龙江教育出版社
	(哈尔滨市南岗区花园街 158 号)
印　刷	北京海德伟业印务有限公司
开　本	650×960　1/16
印　张	22
字　数	230 千
版　次	2012 年 3 月第 2 版
印　次	2012 年 3 月第 1 次印刷
书　号	ISBN 978－7－5316－3805－6
定　价	44.00 元(全二册)

黑龙江教育出版社网址:www.hljep.com.cn

如需订购图书,请与我社发行中心联系。联系电话:0451－82529593　82534665

如有印装质量问题,请与我社联系调换。联系电话:0451－82529347

如发现盗版图书,请向我社举报。举报电话:0451－82560814

目　　录

序

新千年伊始，我国基础教育进入了一个崭新的时代——课程改革时代。《语文课程标准》的颁布，从学科目标、内容、评价等诸方面提出课程改革的着眼点和最终归宿——"为了中华民族的复兴，为了每位学生的发展。"小学语文新课程顺应时代发展的需要革故鼎新，以培养学生健全的个性和完整的人格为己任，正在努力建构符合小学语文素质教育要求的新的教学评价体系。

在如火如荼的小学语文新课程评价改革实践中，新理念、新思维、新特点、新方法扑面而来，在广大小学语文教师眼中，所有这些新事物层出不穷，目不暇接。其实，任何表面看来多么复杂的事物都能找到其主要脉络。新课程小学语文评价改革尽管复杂，只要我们能抓住其基本理念，一切困惑和疑问都会迎刃而解，烟消云散。

新课程在实验区开展已近三年，从实验区反馈的情况表明，我省小学语文评价改革已经全面启动，在理论与实践方面取得了初步的成果。

• 基础教育课程改革的重要目标"改变课程评价过分强调甄别与选拔功能、发挥评价促进学生发展、教师提高和改进教学实践的功能"这一思想日益深入人心。

• 广大实验教师，大都已接受、认同"评价主体多元化"这一新理念，并将其付诸于考试与评价改革实践之中。

• 新课程在培养目标、课程标准、教学理念、学习方式、师生关系等各个方面都发生了诸多重要变革。各地小学语文评价的内容，开始做出相应的调整与革新，主要是改变过去只注重考核知识与技能的状况，高度重视对过去被忽视的重要方面的评价，科学、全面、合理地确定评价的内容。

• 任何一种评价方法都有其优势与局限，都有其适用的条件和范围。学生发展的不同侧面有不同特点和表现形式，对评价方法也有不同要求。实验区的教师在设计评价方案时，在全面、充分地考虑评价目的、内容、对象，以及班级教学实际等情况的同时，已经能够综合选用各种方法，展开评价的研究与探索。此外，经过一段时间的实践，大多数教师在评价改革中不再盲目追求方法上的新异性和多样性，或一味迎合学生的兴趣，而在保证有效地考查学生是否实现学习目标，充分发挥评价的诊断与发展的功能上下工夫，并努力在调动学生学习积极性、减轻学生学习负担与确保评价工作的信度、效度之间找到合适的平衡。

• 评价的内容与方法根据学生发展的不同侧面而具有不同的特点。有些发展侧面，如识字，需要在成长记录袋中或期末阶段通过考试或其他形式的集中评价予以考查，教师在注意期末评价的同时把平时情况有机结合起来，即做到形成性评价与终结性评价相结合；有些发展侧面，如习作，把单元测试与期末测试相结合。也可以完全依据日常学习活动中有意收集的各种信息和证据做出评定；有些发展侧面，如学习态度，不能进行考试，则通过平时的观察或成长记录、访谈等手段，搜集相关信息，凭借教师的经验和智慧给出描述性的评价意见。

简而言之，新课程背景下小学语文评价改革的新理念，在发挥和促进学生发展与教师成长中起到了至关重要的作用，使其在评价改革的功能、主体、内容、方法、时间选取、结果反馈等诸多方面发生深刻变革。当然，我们还必须充分认识到小学语文评价改革是一个远没有解决好的问题，我们仍需坚持不断地学习，积极参与相关的实践与探索，让小学语文评价改革新体系在课程改革中逐步建立、逐步完善、逐步提高。小学语文评价改革是新一轮课程改革的重中之重，关系到课程改革的成败。我们期待着这本书能够为广大小学语文教师了解小学语文评价改革的方向，并使其不断向纵深拓展提供帮助，更期待这本书能够引发广大小学语文教育工作者创造出更多、更新、更好的评价改革思路和方法。同时，也预祝在我省全体小学语文教育工作者的共同努力下，小学语文新课程评价改革工作早日取得成功！

毕田增

绪　论

新课程小学语文教学评价改革概述

一、小学语文教学评价的意义、目的

1. 小学语文教学评价的意义

《宋史·戚国文传》中有"重物不评价重人知而不欺"的记载，其意思包含着衡量人或事物的价值。马克思语："'价值'这个普遍的概念。是从人们对待满足他们需要的外界物的关系中产生的。"即价值是人们的需要与满足需要的事物之间的关系。根据这种观点。教育价值就是人们对教育的需要与教育满足人们的需要的质量之间的关系。教育评价，是评价这一概念广泛运用而落实在教育领域中的一种体现。它译自英文 Educational evaluation。教育评价即教育价值判断。利用一定的评价技术对教育宗旨所要求的一切教育效果进行观察、测量、考试、统计等。评价内容包括教育思想、教育制度、学校、教师、学生、课程、教材、教法等。教育评价学是一门较年轻的科学，自 20 世纪 30 年代，美国学者泰勒就通过长期研究证明。如果把培养高级智慧技能作为教育目标的话，那么这些技能就必须加以测量。在此基础上，泰勒提出了以教育目标为核心的教育评价理论。教育评价学就是在泰勒的教育评价理论的基础上发展起来的。实践证明,科学的评价活动是教育活动科学化的需要。正确地运用教育评价对提高教育质量起着至关重要的作用。而教学评价是教育评价的一个重要方面和组成部分,它以"教育存在及其相关因素和方面"中的教学这个方面为对象的教育评价。教学评价是小学语文教学过程的重要组成部分,它贯穿于小学语文教学活动的全过程,起着调控语文教学活动的作用。在小学语文教学过程中。既要对学生的学习进行评价,也要对教师的教学进行评价。同时还要对影响语文教学的各种因素进行评价。以便为语文教学提供反馈信息,更好地促使语文教学目标的完成。

(1) **教学管理的重要组成部分是教学评价。**仅凭单一的考试已经不能对教师和学生进行全面科学系统的客观评价。所以,要努力完善教学管理的各个环节。

(2) **激活语文课堂,优化教学过程的重要手段是评价。**布卢姆曾明确指出:"评价作为一种反馈矫正系统,用于在教学过程的第一步骤上判断该过程是否有效⋯⋯"可以运用评价的手段来激发并保持学生获得发展的标准和目标,激励语文教师的教学,使教师和学生获得发展的标准和目标,当教师、学生有困难或达不到目标时,恰当的评价方式往往可以有助于师生达标,获得发展。

评价是调动学生主体性的有效机制。现代心理学认为,主体参与性是促进学生学习的原始性机制。只有让学生成为教学活动的主体,才能使学生在教学活动中分享应有的权利。承担相应的义务。而学生成为课堂主体的前提是必须调动学生学而不厌的主观能动性,使学生有意识、有兴趣、有责任去参与教学活动。学生的学习只有通过自己的积极努力才能获得。有效的教学评价可以激起学生的主体参与性，让学生在教学活动中体验成功的喜悦，获得进取的力量，分享合作的和谐，发现生命的灿烂。

（3）**发展评价主体的多元智力**。长期以来，人们对于智力的理解仅限于智商理论和皮亚杰的认知发展理论。这种传统的智力理论认为智力是以语言能力和数理逻辑能力为核心的，以整合的方式存在的一种能力。随着人们对智力认识的不断深入，新的智力理论也不断产生，如美国心理学家斯坦伯格的智力三元理论，美国心理学家塞西的智力的领域独特性理论等，但尤为引起教育教学界重视的，对教育教学改革影响最深远的是美国哈佛大学教授、发展心理学家加德纳于 20 世纪 90 年代提出的多元智力理论。加德纳认为人的智力由七种紧密关联但又相互独立的智力组成，它们是言语——语言智力，音乐——节奏智力，逻辑——数理智力，视觉——空间智力，身体—动觉智力，自知——自省智力，交往——交流智力。这七种智力显然比智商理论所认为的言语——语言智力和数理——逻辑智力更为广阔，更可贵的是加德纳给人们提供了一种多维地看待人的智力的视野和方法，加德纳认为随着研究的法定程序可以增加和删减某些智力。多元智力理论的广阔性和开放性对于我们正确地、全面地认识学生具有很高的借鉴价值。各种智力只有领域的不同，而没有优劣之分、轻重之别，也没有好坏之差。因此，每个学生都有可发展的潜力，只是表现的领域不同而已。这就需要我们的教师在以促进学生发展为终极关怀的参照下，从不同的视角、不同的层面去看待每一个学生，而且要促进其优势智力领域的优秀品质向其他智力领域迁移。人的语言、交往、自知智力的发展，都有赖于语文学习活动，教学评价在学习活动中的运用可以使师生获得发展的机会，为其发展提供不竭的动力。

言语/语言智力是人对语言的掌握和灵活运用的能力。表现为人能顺利而有效地利用语言描述事件、表达思想并与他人交流。评价的运用可以反映人的言语/语言智力的状况，而且使人清楚怎样表述、表达、交流得更好。

交往，交流智力是对他人的表情、言语、手势动作的敏感程度以及对此做出有效反应的能力，表现为个人觉察、体验他人的情绪、情感并做出适当反应。在教学评价中，师生的共同评价、学生之间的互相评价、家长的参与评价，为交往智力的发展提供了可能和机会。

自知或自省智力指的是个体认识、洞察和反省自身的能力，表现为个人能较好地评价自己的动机、情绪、个性等，并且有意识地运用这些信息去调适自己生活的能力。师生在教与学的双边活动中的自我评价，是教学评价所应重视和强调的。这是人做为发展主体的最重要的体现。

(4) **教学评价对于健康师生教学心理有重要的作用。**教学过程中由于教学评价机制的作用，教师教学心理和学生的学习心理都处于积极愉悦中，教学目标随着评价及时反映落实的情况，有利于及时调整适合于不同水平学生的学习。评价者与被评价者之间互动的过程不仅可以让教师不断地反思自己的教学，而且能够及时地、平等地听取学生的心声，确保教学目标的顺利完成，以使教师和学生的教学生活更加丰富多彩。

（5）**从学科特点来看，语文学科是个工具性、人文性很强的学科。**教师的教学水平、学生学习发展的水平很难通过具体的量化真实全面地反映出来。例如，学生写作、口语交际等能力水平，如果单凭一篇作文或一次活动是很难描述清楚的，而且这些方面主观性很强，实施教学评价有利于最大限度地利用语文时空对学生进行语文教育，在评价中推进语文学习的进步。

教学活动中师生评价的过程，是师生互惠、互利，共同成长的过程。小学语文教学评价就是运用评价机制使师生双方都得到反馈信息，及时调整和改善教学和学习的进程和方式，实现小学语文课程促进师生发展和终身学习的价值。

2. 小学语文教学评价的目的

长期以来。由于受"应试教育"和"精英教育"思想观念的影响，语文课程的评价主要是为了从众多学生中筛选少数尖子，评价实际上成为一种终结性的甄别选拔过程。《语文课程标准》明确提出，语文课程评价的目的不仅是为了考查学生实现课程目标的程度，更是为了检验和改进学生的语文学习和教师的教学，改善课程设计，完善教学过程，从而有效地促进学生的发展。不应过分强调评价的甄别和选拔功能。

以前语文教学活动中，语文学习的评价主要集中在听、说、读、写能力及基础知识的掌握，评价注重近期的显性的效果，衡量的指标是硬性的、偏于理性的，评价方法单一，强调定量分析，大多是笔试题、客观题。此次课程改革，强调要突出语文课程评价的整体性和综合性，要从知识与能力、过程与方法、情感态度与价值观等几方面进行评价，以全面考查学生的语文素养。要把语文教育长远的隐性的效果放到重要位置考虑。因此语文教学评价的目的就是着力激发学生的学习兴趣，树立学习的信心并成为自觉有效的学习行为，激活语文课堂；教师要通过有意识地评价学生和自己，逐步形成科学实效的评价机制，并促使其主动改革课堂教学模式，提高教学技能，以达到师生共同发展的目的。

二、小学语文教学评价的界定、特点和内容

1. 小学语文教学评价的界定

根据现代教学评价的理论，小学语文教学评价是依据语文的教学要求对教师教学活动及其效果，学生学习活动及其效果进行状态描述，在交互进程中，促进师生的共同发展。

教和学的评价体现在：首先，教学目标的制定要符合不同阶段学生学习目标的要求。教学目标来自于学生语文学习的需要和《语文课程标准》的要求。其次，教学方式和学习方式的适应，有利于学生的知识建构，师生可以共同设计开发学习资源，教师为学生多样方式的学习提供充分的时间和空间。最后，教和学的效果互相影响、互相延伸，教师的教学效果和价值在学生的成长与进步中得到体现，学生的学习效果更为教师的教学过程提供反思和改进的价值。

2. 小学语文教学评价的特点

语文课程的基本特点是工具性和人文性的统一。"人文性"着眼于语文课程对于学生思想感情的熏陶感染的文化功能和课程所具有的人文的特点。小学语文教学评价的特点主要从学科性质和人的发展这两方面反映。

●关注语文课程的人文性、实践性

语文课程具有丰富的人文性和很强的实践性。是学生学好其它课程的基础，也是学生发展和终身学习的基础。

人文性。语文作为一种交际工具、文化载体，是用来反映生活并服务于生活的。语文课好比是戏剧的脚本，学生通过阅读、背诵，进入角色，走进课文作者的感情世界，从而走向课文作者；通过体验、写作进入现实生活中的角色。进行必需的语文实践活动，从中不断提高自己的语文素质和人文素质。语文学科具有积淀丰厚的人文魅力，语文教学的人文化是义不容辞的，它可以贴近学生的心灵世界与情感世界。其人文化的效果是所谓移步换景、铺垫那种理性分析无法望其项背的深刻内涵。人文熏陶传递出的"相目看两不厌"的效应具有打动人心的力量。这是语文学科独具的得天独厚的魅力。

实践性。在语文教学活动中，要寓教学能力培养于丰富多彩的实践活动中，让学生在实践中学，在实践中创新，在周而复始、相互交叉的过程中由不断地发现问题到不断地解决问题，直至创造性地解决问题。

语文教学评价重视人文性和实践性就是要重点考察教师和学生在语文教学双边活动中的态度情感、参与意识、感受体验、理解和价值取向等。但是，这些因素是抽象的、稳定的、开放的、无限的。单一的考试方法无法对他们进行测量、考察。所以，新的评价要求在具体的情境中完成。

所谓教学情境，就是教师为挖掘学生潜在的智慧而创设的一个场，这个场以"情"和"境"为依托，以促进课堂教学合作和学生发展为前提，以培养学生创造力为关键，来达到提高学生整体素质的目的。情境创设在建构主义学习理论中指的是在教学活动的设计中，要提供与学习主题的基本内容相关、与现实生活相类似的或真实的情境，使学生具有为理解主题所需要的经验，帮助学习者在这种情境中去发现、探索与解决问题。

情境创设是教师设计教学活动的首要内容，也是学生对教师所设计的环境初次接触时的感觉，所以，它的成功与否不仅直接影响到其他教学设计环节的展开，而且还可以吸引学生对学习主题的好奇关注，进而产生由于认知上的不满足和欠缺去进行主动地探索。

这种情境创设的原理如下：一是对教学内容的整体把握情况；二是对学生认知结构的分析情况。认知心理学认为，人的认知活动是按照一定顺序的阶段发展成为一种结构。插在水中的铅笔在孩子看来它是弯的，可是成人看来铅笔应是直的，弯曲的原因是由于光的折射原理。儿童和成人对事物的这种不同认识，是由于他们有着不同的认知结构，因此，要进行课堂环境的创设，首先要对学生的认知结构进行仔细的分析。

这种认知结构的分析是具体的、多方面的。它不仅包括学生的记忆、知觉、思维、语言、问题解决等过程，而且还包括学生的学习动机、经验、情绪、情感等诸多因素。只有在综合分析的基础上，去寻找学习主题与学生认知结构的有效结合，用最符合学生认知心理的外部刺激去促进他们对新知识的同化和顺应，才可以完成对新"事物"的建构。

具体的情境包括自然情境和有意情境。

自然情境就是在学生语文学习的日常活动中，师生都处于平等、自如、无压力的状态中，采用观察法、发现法来搜集评价资料信息进行评价。

有意情境就是创设一种情绪佳境，以情动人，以情感人，引导学生从"境"中见到"形"，从"形"中感到"美"，进而从"美"中产生"情"，再由"情"上升为"理"。把感情的东西上升为理性的认识，把形象感受变为理智的思索。教师的动情渲染，利于诱发学生的积极思维，唤起创造的灵感。可以采用记录、语言描述等方法搜集评价资料信息进行评价。评价资料如：教师的教学札记，学生的日记、习作、档案表等。

师生在教学过程中，要经常进行心理互换，在教学活动中，留给学生一块充裕的自由活动的天地，根据教学任务的不同，把问题提给学生，同时将学生编为规模不等的群体，针对教师提出的问题进行讨论或研究。学生处于一种宽松自由、生动活泼的情境中学习，他们学习的内在动机和求知欲望得到诱发和补偿，学习的主动性和积极性就能得到充分发挥。

●重视显性教学结果的同时，不要忽略"隐性"结果。

通过创设情境，我们可以获得有意识、有组织的结果，这个结果是师生在一定阶段的教学成果的反映。在创设的教学环境中评价的要素比较集中，评价的标准非常明确，可以反映被评价者多方面的语文素质。如：学生的口语交际能力、朗读能力等评价。一般在阶段或终结时做。

学生在学习环境（包括物质环境、社会环境和文化体系）中学习到的非预期性或非计划性的知识、价值观念、规范和态度，这类课程当然是非正式的、非官方的，具有潜在性和隐蔽性。早在20世纪初，杜威及其学生克伯屈就深刻阐述了伴随显性课程而生的隐性教育（主要是价值、态度）对人的发展的重要意义。最新的课程理论则又从社会、个体等多维度对隐性课程进行了深入研究。由此得出的结论是，隐性课程是影响人发展的不可忽视的重要课程。教学活动中意外的收获，评价者要及时捕捉住，予以评价。这样，不但能促进被评价者个性潜质的发展，而且能使其他师生拥有学习的榜样。师生共同作为评价者和被评价者。

●评价目标的多元化

评价目标多元化是指：对学生语文学习的评价，既要关注学生知识和技能的理解和掌握，更关注他们的情感与态度的形成和发展；既关注学生语文学习的结果，更关注他们在学习过程中的变化和发展。

评价的积极作用是多方面的，主要表现在以下几个方面。

评价的激励功能　评价不仅仅是检测学生掌握知识的手段，更重要的是检测学生已有学习能力的手段，是激发学生创新并形成健全人格的动力。学生辛辛苦苦地学习，正如劳动者辛勤耕耘，企盼付出的汗水、心智有所收获。所以新的语文课程评价改革，要把评价活动和过程当作是为被评价者提供的一个自我展示的平台和机会，鼓励被评价者展示自己的努力和成绩；同时让恰当、积极的评比方式和反馈方式成为一种积极有效的激励手段。要促进学生达成学习目标，激励他们树立信心，积极向上。儿童处于集体的活动中，他们喜欢表扬和鼓励，教师要抓住这个特点组织教学，开展活动。教学的激励性主要表现在语言、情态、行为上。在语言方面，如，对学生朗读的评价，教师可这样说："你读的真好！""你比老师读的还好！""你能比他读的好吗？"。对学生问题的评价，教师可说，"你很会提问题。"你真有见解！""你很善于思考！"在情态方面，如教师信任的眼神、鼓励的微笑、亲切的手势等。在行为方面，如抚摸、拉手、奖励等形式。

评价的导向功能 教育评价具有引导评价对象向预定目标前进的功用和能力。它对教育目标的实现和教育方针的贯彻，有相当强的制约和保证作用。它通过教育评价结果及信息的反馈、利用，指导教育评价对象朝目标行为的方向运行并得以实现。

评价的鉴定功能 教育评价具有对评价对象的目标的达成度、合格与否、优劣程度、水平高低的判断与确定的功用和能力。它主要通过对教育评价对象相关资料的收集、整理、分析、判断的运作机制得以实现，通过检查、比较、判断等评价工具的利用而获得。

评价的改进功能 教育评价具有使评价对象自身反省、克服不足、改变已有的不良状态，完善并促进发展的功用和能力。它主要是通过教育评价结果的信息反馈于评价对象，并指导他们的具体运行得以实现的。

评价的管理功能 教育评价具有使管理活动及评价对象的行为得到调节、控制、规范，并使其趋向于教育目标实现的功用和能力。它是通过发布通知、行政命令或颁布法律、法规等进行导向、激励、监督、检查、鉴定，从而实现调节、控制、规范功能，以此保证教育目标的实现。管理功能的发挥是建立在一系列严密操作程序基础之上的，优越于一般的经验性、行政性管理功能。

评价价值的多元性主要通过评价内容的多项、评价标准的多层、评价主体的多元、评价方法的灵活、评价时空的开放、评价结果的多样来实现的。

评价空间	教学主体选择共同协商
评价标准	《语文课程标准》评价者认定的标准
评价主体	学生　教师　教学管理者
评价内容	态度情感　认知能力　教学策略
评价方法	自评　互评　他评
评价工具	评价表　档案袋
评价结果	定量　定性（等级和评语）

● 实现师生发展的互惠

现代教学论指出：教学是教师的教与学生的学的统一，这种统一的实质就是师生之间的互动，即相互之间交流、沟通及共同发展。

教学评价是语文活动的重要组成部分，是师生交往、互动、共同发展的过程。学生是语文学习的主人，教师是学生语文学习的组织者、引导者和合作者。有效的语文教学活动应当从学生的生活经验和已有的知识背景出发，向他们充分提供从事语文活动的机会，在活动中通过有效的评价激发学生的学习潜能，引导学生积极从事自主探索、合作交流与实践创新。促使他们在自主探索的过程中真正理解和掌握基本的语文知识技能、语文思想方法，获得广泛的语文活动经验，提高解决问题的能力，学会学习。积极正面的评价，有利于培养师生的自信心，增强教学的积极性，促进师生发展任务的完成，同时进一步在意志力、自信心等情感与态度方面得到良好的发展。

3. 小学语文教学评价的内容

《语文课程标准》正确把握学生语文素养全面发展的内涵，把评价的内容分为三个维度和五个领域。三个维度：知识和能力，它是语文学习的基础；过程和方法，它是语文学习的重点；情感、态度与价值观，它是语文学习的动力。与以往的《大纲》相比，它加强了"情感、态度与价值观"的评价，突出评价内容的实践性，将"过程与方法"这一维度也作为评价内容的组成部分；对语文的"知识与能力"这一维度也有新的理解。五个领域：一是识字与写字，二是阅读，三是写作，四是口语交际，五是综合性学习。三个维度五个领域的语文学习评价内容，不仅关注学生语文成绩，而且关注学生创新精神和实践能力的发展。以及良好的心理素质，学习习惯与积极情感体验等方面的发展。同时，发展性学习评价还要尊重学生个体差异，注重对个体发展独特性的认可，发挥学生多方面潜能给予积极评价，评价的内容要有助于学生了解自己、拥有自信。

小学语文教学评价的内容要以师生教与学的实践为重点，并和谐地贯穿在教学过程的始终。以此增进师生教与学的动力，获得教与学的成功的愉悦感，激励学生后续学习。

（1）**以评促读**。阅读评价要综合考察学生阅读过程中的感受、体验、理解和价值取向，考察其阅读的兴趣、方法与习惯以及阅读材料的选择和阅读量。重视对学生多角度、有创意阅读的评价。语法、修辞知识不作为考试内容。通过评价可使学生产生想读、爱读、读好的愿望。教师对学生，学生与学生之间的评价，首先应侧重于评价的正确度与流利度，促进学生读准、读熟；另外还要重视评价的情感度，促进学生能够读出自己的感受，体会文中蕴含着的情感，更深的理解文章的思想感情；最后还要重视评价的记忆度，促进学生把文中的好词佳句记下来，对一些佳段佳文熟读成诵，丰富语言。

(2) **以评带说。** 语言可以表达一个人的心声，说和写都是语文表达能力，而说是最基本的表达。所以，教师要以评价为手段，在师生的评说过程中，努力培养学生敢说：敢当众提出疑问，表达自己对疑问的理解；会说：要做到"二不"、"三要"，即不说错、不重复。三要，即要围绕一个中心说，声音要响亮，态度要自然。教师同时要引导学生主动积极地参与说的实践活动，促进学生表达技能不断提高，使口头语言和书面语言均衡发展。

(3) **思评结合。** 学生学习的核心是积极主动地思考。教学活动中教师通过评价，促进学生积极思维，头脑敏捷，提高学生的思维能力。应做到：①通过评价，鼓励学生多角度的思考，发现较难的问题；②通过评价，鼓励学生打破常规思维，发表独到的见解；③通过评价。鼓励学生回忆自己的学习和生活经验。

(4) **以评促写。** 主要是写字评价和写作评价。识字与写字方面：汉语拼音能力的评价，重在考察学生认读和拼读的能力，以及借助汉语拼音认读汉字、纠正地方音的情况。评价识字要考察学生认清字形、读准字音、掌握汉字基本意义的情况，以及在具体语言环境中运用汉字的能力，借助字典、词典等工具书识字的能力。不同的学段应有不同的侧重。关注学生日常识字的兴趣，关注学生写字的姿势与习惯，重视书写的正确、端正、整洁，激发学生识字写字的积极性，不能简单地用罚抄的方式来达到纠正错别字的目的。

写作评价要根据各学段的目标，综合考察学生作文水平的发展状况，应重视对写作的过程与方法、情感与态度的评价，如是否有写作的兴趣和良好的习惯，是否表达了真情实感，对有创意的表达应予鼓励。同时重视对写作材料准备过程的评价。不同学段学生的写作都需要占有真实、丰富的材料，评价要重视写作材料的准备过程。不仅要具体考察学生占有什么材料，更要考察他们占有各种材料的方法。要用积极的评价，引导和促使学生通过观察、调查、访谈、阅读、思考等多种途径，运用各种方法搜集生活中的材料。此外还要重视对作文修改的评价。不仅要注意考察学生修改作文内容的请况，而且要关注学生修改作文的态度、过程、内容和方法。要通过学生的自改和互改，取长补短，促进相互了解和合作，共同提高写作水平。还可以采用多种评价方式，提倡为学生建立写作档案。写作档案除了存留学生有代表性盼课内外作文外，还应有关于学生写作态度、主要优缺点以及典型案例分析的记录，以全面反映学生的写作实际情况和发展过程。对学生作文评价结果的表现方式，根据实际需要，可以是书面的，可以是口头的；可以用等次表示，也可以用评语表示；还可以综合采用多种形式评价。

(5) **议评结合。**①议材料，能够准确地把握内容的准确性；②议词句，可以更深的体会语言的感情性；③议表达，言语表达时可以有条理，语气、语调适当；④议发言，自己知道应该怎样表达；⑤议态度，使学生能够积极主动与人合作交流，参与程度高。

(6) **以评促教。**课堂是教育的主要阵地。而课堂更是教师主要的阵地。课堂教学成效如何，直接影响课堂质量的提高。所以构建新的课堂教学评价标准很重要。从教学组织来看，评价课堂是否严密，思路清晰，符合学生的认知规律；从教学目标来讲，评价教师是否树立正确的学生观、教育观、质量观，是否能指导学生正确地理解和运用祖国语言，注重语言的积累，培养语感，促进学生发展；从教学内容来看，应该从正确、难易适度、容量相当的角度评价；

从教学方法来看，形式是否多样，语言训练是否经历感受、思考、积累、运用这一过程；从教学效果来看，评价教师的语言、板书设计，是否熟练运用现代化教学媒体，显示出教学机智；从教师教学态度来看，评价教师在课堂教学中能否一直处于以热情、饱满的耐心帮助学生学习的状态之中。总之，通过以上的诸多方面，诸多角度的评价，来调动教师教学热情，使教师能够全身心地投入教学中去。使课堂教学得以优化。

三、小学语文教学评价的原则和方式

1. 小学语文教学评价的原则

教学评价原则是教学评价规律的反映，进行教学评价，就必须遵循教学评价的规律。为了使教学评价者能够比较清晰、自觉地遵循教学评价的一般规律。制定若干能够从不同侧面反映教学评价规律的教学评价原则，是十分必要的。

●全面性原则。是指在确定和运用评价标准时要全面，在进行教学评价时要全面贯彻教育方针。我国的教育方针是使受教育者在德、智、体几方面都得到发展，因此在对教师的教学进行评价时，不能只看"教书"，而且还要看育人，看教学的教育性贯彻得如何。其次，在进行教学评价时，要遵循教学评价的规律，恰当处理好运用各种评价方法的关系。使教学评价尽可能地在全面性原则的基础上保持其客观性。

●客观性原则。在进行教学评价时，从测量的标准和方法，到评价者所持的态度，特别是最终的评价结果，都应符合客观实际，不能主观臆断或掺入个人情感。客观性是体现教学评价规律的重要

原则之一。教学评价是一项科学性很强的工作。评价是否客观直接影响到评价效果。

●发展性原则。学校教育的基本目的就是为社会培养所需的人才。我们的学生不仅是当今社会所需要的人才。而且更应该是今后社会所需要的人才，能够适应今后发展了的社会环境。我们要面向社会、面向未来，学生就要不断更新生活方式和思想观念，增强社会竞争意识，心理承受力；独立性、学习能力和创造性等心理品质要有超前和发展的标准。

●主体性原则。教师和学生是评价的主体，必须改变过去的一级评价一级的方式，要体现教师是教师工作评价的主体，学生是学生评价的主体。在实施评价的过程中，要引导教师和学生自己对照相关标准监控自己的行为，再通过反思矫正自己的行为，最终使师生在评价的过程中感受发展的愉悦。同时也体现出评价"一切为了学生的成长和教师的发展"的理念。

●弹性原则。学生心理品质是发展的、动态的，所以评价工作不应是一次性的，每项评价工作应该由几次评价结果的总评完成。学生心理品质的评价受情绪、所处环境、身体状态等的影响，仅由一次性的测试、问卷或谈话就作结论显然是不合适的，对其评价结果要留有余地，可多次评价。评价的结果也不能同其他课程评价结果一样用分数好坏来区分等级，评语要留有余地，以免给学生带来负面影响，即一次性给学生贴上"固定的标签"。

●实践性原则。师生的发展是动态的，因此，评价也必须在实践活动中、在真实具体的情境中进行。教师在教学实践中可以不断发挥自己的创造力，也可以在体验学生进步发展的同时实现自己的发展。总之，教学评价原则是教学评价规律的具体化。在教学评价中遵循教学评价原则办事，就是遵循教学评价的规律。遵循了教学评价的规律，教学评价就会成功，就会推动学校教学工作健康发展，否则就会失败，学校教学工作就会受到损害。

2. 小学语文教学评价的方式

以往的语文评价机制非常单一，一般是教师通过学生测试成绩定等级，一张卷子定乾坤。《语文课程标准》积极倡导自主、合作、探究的学习方式，它作为一种精神贯穿于《语文课程标准》的始终，《语文课程标准》规定，教学内容的确定，教学方法的选择。评价方式的设计，都应有助于这种学习方式的形成。首先，自主性。语文学习是学生的个性化行为，在语文教学中，必须十分尊重学生的这种自主性。其次，合作性。按照建构主义心理学和接受美学的观点，每个人都是以自己独特的方式去理解事物的，不同的人看到的往往是事物的不同方面。在语文教学中，同一篇课文、同一个人物形象，学生的理解往往是各式各样的。"一千个读者，有一千个哈姆雷特"，所以要加强学生之间的交流与合作，使他们互相取长补短，共同发展。当然，除了学生之间的交流与合作外，还有教师与学生的交流与合作。教师加强与学生的交流和合作，对学生有指导意义。最后，探究性。苏霍姆林斯基指出，学生学习的一个突出特点，就是他们对学习的对象采取研究的态度。布鲁纳认为，教学过程就是在教师的引导下学生发现的过程，要求学生主动地进行学习，强调要自我思考和自我探索，自己去发现问题的结论和规律，成为一个发现者。语文的探究性学习，可以使学生在更高的层面上进行学习。

小学语文教学评价，要把人的这种发展放在主要位置，即要关注学生的不同差异，促使学生能够在课堂上积极主动地活动。但是要达到此目的，单一的评价方式已不能让学生全面地提高和发展，所以就必须采用学生能够容易接受的多种评价方式。

(1) **通过富于生动形象的图画来评价。**教师可根据学生表现以及掌握知识的情况。把自己绘制的形象的小图片作为奖励送给学生。

(2) **运用含有激励性的语言进行评价。**

(3) **选用填充评价表来评价。**

(4) **运用鼓励、表扬的积极有效的方法加以引导，让学生投入到语文学习中来。**

(5) **通过运用"鉴定式"和"反馈式"的评价，及时收集反映师生教与学的信息，促使教学活动的协调发展。**

另外评价还要体现形成性评价与终结性评价相结合，定性评价与定量评价相结合。学生间互相评价与学生的自我评价相结合，教师评价与学生评价相结合，这样达到逐步确立学生在评价中的主体地位的目的。

综上所述，对语文教学的评价，要符合语文学科的特点，遵循语文学科自身的规律，真正发挥评价的激励、导向和促进功能。评价教师的教学，要重视教师的教学过程和教学效果，把教师是否注重对学生语文能力的培养放在突出的地位。不以学生的考试分数作为唯一的评价依据。评价学生的学习，要变注重横向对比评价为注重个体素质水平纵向发展的评价，变分数评价为用多种形式激励学生成功的全面评价，变众人一面的评价为具有个性特征的评价。不仅重视总结性评价，而且重视形成性评价。要从知识和能力两方面进行综合考查，既要有书面的，也要有口头的。可以尝试从学生学习语文的态度、阅读量、口语交际能力、自学能力、参加各种语文活动的情况等方面，评价学生的语文发展水平。不能用难题、偏题、怪题和繁琐、机械的题目考学生。因此，构建科学的完整的评价体系，同时以评价为手段，带动师生的教与学，不仅能让语文教学更加开放而有活力，更能促进每个学生全面和谐的发展，更好的推动语文课程的改革。

第 一 章

新课程小学语文教学评价改革的基本理念

▶ 新课程小学语文教学评价改革的背景

▶ 新课程小学语文教学评价改革的几个重要

思想

第一节　新课程小学语文教学评价改革的背景

一、传统小学语文教学评价的弊端

评价是课程实施的一个重要环节。长期以来，我国的教学评价研究比较薄弱，没有建立起通过评价支持教学改革和发展的有效机制。在评价内容上，过多倚重学科知识，特别是书本知识，而忽视实践能力、创新精神以及情感、态度和习惯等综合素质的考查；在评价标准上，过多强调共性和一般趋势，忽略了个体差异和个性化发展的价值；在评价方法上，以传统的纸笔考试为主，过多倚重量化的结果，很少采用体现新评价思想的质性评价手段与方法；在评价主体上，被评价者多处于消极的被评价地位，没有形成教师、家长、学生、管理者多主体共同参与、交互作用的评价模式；在评价重心上，过于关注结果，忽视被评价者在各个时期的进步状况和努力程度；在实施评价的具体过程中，也普遍存在着简单化、唯量化等弊端。

主要表现在以下几方面：

1. 重甄别选拔，轻激励改进

传统的评价过分强调学生的学业成绩在评价中的作用，把学生的成绩作为衡量学习结果、评价课程方案优劣的惟一指标，把考试与评价等同起来。有的学校把这种对学生的评价与教师的评优、晋级紧密相联，有的地区甚至以此作为评价学校好坏的惟一依据，以学生考试的平均分作为教师聘任中实行"末位淘汰"的依据。这种评价使学校、教师对学生层层加压，学生处于最底层，受害最深。

教育部规定小学学业评定改百分制为等级制，但是有些学校只是将等级作为一种评价符号的变更，等级由百分转换而成。如果评价观念没有根本转变，评价的目的仍旧是为了选拔，就是实行了等级制，也不能促进学生发展，甚至还会伤害学生的自尊心。

2. 重结论，轻过程

传统的评价往往把重点放在期末的终结性评价上，缺少对学生成长过程的评价。近几年来，部分地区在探索使用《学生素质综合评价手册》，进行了一些有益的尝试，但在使用过程中，由于观念没有转变，对学生发展过程中的即时性评价，尤其是针对学生差异的个性化评价以及多元、多样的评价形式探索不够，或是从制度上得不到保障，使学生发展性评价体现甚少。

3. 重学习成绩，轻全面发展

学生的主要任务之一是学会学习，但是传统评价过分注重对学生学习成绩的评价，而对学生的思想道德、学习兴趣与方法、交流与合作能力、创新精神及实践能力等方面的发展关注不够。学习成绩是"硬指标"，其他方面则是"软指标"，这些都导致了学校的教育、家长的关注、学生的追求偏离了全面发展的育人目标。

4. 重教师"评判"，轻学生参与

过去。学生评价主要是由教师来进行的，作为学习主体的学生被排斥在评价过程之外，只能充当被评价的对象，无法参与评价过程。例如在以往的考试评价中，测试内容、测试方法、评价标准以及成绩的综合评定都是由教师一个人来实施的，致使教学过程变成只有教师参与的单向评价活动。这种评价的结果带有很大的局限性。

为了适应课程改革的新形势，必须改革现行教学评价的内容和方法，逐步建立起符合新课程要求的，能够促进学生不断发展的、

教师不断提高的和课程不断发展的评价体系。

二、新课程小学语文教学评价改革的重点及建议

新课程的评价改革，倡导"立足过程，促进发展"的评价，这不仅是评价体系的变革，更重要的是评价理念、评价方法与手段以及评价实施过程的转变。发挥评价的教育功能，在综合评价的基础上，更关注个体的进步，促进学生在原有水平上的发展。

（一）新课程小学语文教学评价改革的重点

1. 学生评价改革的重点

①建立学生语文素养全面提高的指标体系。不仅关注学生的学业成绩，而且要发现和发展学生多方面的潜能。评价指标体系包括语文学科学习目标和一般性发展目标，如学生在道德品质、学习的愿望和能力、交流与合作、个性与情感以及创新能力和实践能力等诸多方面的发展。对学生语文学习的评价，既要关注学生知识与技能的理解和掌握，更要关注他们情感与态度的形成和发展；既要关注学生语文学习的结果，更要关注他们在学习过程中的变化和发展。为了增加一般性发展目标的可操作性，教师可以将《语文课程标准》中一般性发展目标的内容和要求提炼出来，在某个阶段重点关注某些方面，并形成一些关键性的指标，用质性的语言进行描述而不是量化。

②重视采用灵活多样、具有开放性的质性评价方法，而不仅仅依靠纸笔考试作为收集学生发展证据的手段。关注过程性评价。通过即时、动态、灵活的评价方式，反映学生语文学习的成就和进步，激励学生的语文学习；诊断学生在语文学习中存在的困难，及时调整和改善教学过程；全面了解学生语文学习的历程，帮助学生认识到自己在学习策略、思维或习惯上的长处和不足，并在此基础上，提出有针对

性的建议；帮助学生认识自我，建立自信，使学生形成正确的学习预期，形成对语文积极的态度、情感和价值观，从而激发其内在发展的动力，促使学生在原有水平上获得发展，实现个体价值。

③考试只是学生评价的一种形式，要将考试与其他的评价方法，如开放的质性评价有机结合，全面描述学生发展的状况。应根据考试的目的、性质、对象等，选择灵活多样的考试方法，加强对学生能力和素质的综合考查；改变过分注重分数、简单地以考试结果对学生进行分类的做法，应对考试结果做出分析、说明和建议，形成激励性的改进建议，促进学生发展，减轻学生压力。

学生语文学习评价应加强与削弱方面对照表

加强的方面	削弱的方面
评价的诊断和促进功能	评价的甄别和选拔功能
评价是教学过程中一个有机组成部分	评价简化为单一的终结性评价
评价学生知道什么以及如何思考	评价学生不知道什么
关注学生自身的发展	与他人的比较（分等排序）
语文情感与态度的形成和发展	仅关注语文知识和技能的理解和掌握
学生在学习过程中的变化和发展	仅关注学生语文学习的结果
使用多样化的手段	仅使用纸笔测验
评价主体多元化	仅有教师对学生的评价
定性评价与定量评价相结合	只有定量评价

2. 教师评价的改革重点

①应打破以学生学业成绩论教师工作业绩的传统做法，建立促进教师不断提高的评价指标体系。包括教师的职业道德、对学生的了解和尊重、教学实施与设计以及交流与反思等。一方面以学生全面发展的状况来评价教师工作业绩，另一方面关注教师的专业成长

与需要。

②强调以"自评"的方式促进教师教育教学反思能力的提高。倡导建立教师、学生、家长和管理者共同参与的、体现多渠道信息反馈的教师评价制度。

③打破关注教师的行为表现、忽视学生参与学习过程的传统的课堂教学评价模式，建立"以学论教"的发展性课堂教学评价模式。课堂教学评价的关注点转向学生在课堂上的行为表现、情绪体验、过程参与、知识获得以及交流与合作等诸方面，使教师的"教"真正服务于学生的"学"。

（二）新课程小学语文教学评价改革的建议

新课程倡导的发展性评价思想带给我们一个崭新的工作思路，在语文教学评价中应遵循行动研究的方法开展工作。

第一，学习新课程改革的目标，了解教育评价发展的特点与新理念。

第二，反思以往的教学评价，寻找与新课程倡导的教育评价思想相一致的地方，总结经验。同时，寻找差距与不足，制定改进计划。

第三，采取行动，具体实施在讨论和反思基础上形成的新评价工作计划。

第四，进行阶段性评价，采用多方面信息，总结经验，分析问题，丰富、补充和改进评价工作方案，再继续讨论下一阶段的评价工作实施。

在一个不断循环的过程中，完成评价改革的不断深化和发展。

此外，在评价中还应注意以下问题。

1. **要善于从以往的工作中总结经验与教训。**在多年的素质教育改革中，很多教师已经自觉不自觉地与新课程倡导的评价思想相吻合，这就需要教师不断反思，及时总结，提升经验，并思考需要进一步完善和改进的方面。不要简单、盲目地全盘否定原有的工作，要善于对以往的工作进行总结，继承优点，不断克服不足，寻找有效的评价方式方法。

2. **要善于借鉴和学习他人的经验。**新课程倡导开放的精神和相互学习的精神，在将新思想、新观念变为实际教学行为的过程中，教师要勇于学习、积极探索，与他人交流与合作，借鉴他人的成功经验，开阔视野，通过思考和分析，寻找适合本校、本班的评价新模式。

3. **有效选择工作的突破口，分层推进语文教学评价改革。**评价改革是一个系统工程，需要多方的参与、支持和协调，是一个逐步完善和发展的过程，不要急躁，不要强求面面俱到或一步到位，应分层推进，选择有效的突破口，带动评价工作的整体优化，推动语文教学评价改革的深入发展。

第二节　新课程小学语文教学评价改革的几个重要思想

新颁布的《语文课程标准》（以下简称《标准》），体现了新的评价理念，在评价的目的、评价的价值取向、评价的具体方式以及评价的主体等方面都与传统的评价方式有着明显的区别。

一、小学语文教学评价功能的人本性和发展性

随着信息技术的发展和网络时代的形成，原有以传授知识为主的基础教育课程的功能受到了极大的挑战，转向注重学生的综合发展，包括积极的学习态度、创新意识和实践能力以及健康的身心品质等，为学生的终身发展奠定基础。这种以学生发展为本的价值取向。必然要求教学评价指向每一位学生的全面发展和终身发展，使评价的功能由侧重甄别转向侧重发展，不仅检查学生知识、技能的掌握情况。更为关注学生掌握知识、技能的过程与方法，以及与之相伴随的情感态度与价值观的形成。语文教学评价也应充分发挥评价促进学生发展的功能，《标准》指出："语文课程评价的目的不仅是为了考察学生达到学习目标的程度，更是为了检验和改进学生的语文学习和教师的教学，改善课程设计，完善教学过程，从而有效地促进学生的发展。"这是对传统评价思想的革命，体现了以学生发展为本，体现了改革的核心理念是促进学生的发展。因此，在日常的教育教学过程中，应营造和谐、宽松、平等的评价环境，最大限度地理解、宽容、善待学生；充分发挥评价的激励功能，鼓励成功；

肯定学生的进步和努力，并提出成长期望；相信每一个学生都有发展的潜力。爱护每一个学生的自尊心，激发每一个学生的自信心；设计出不同项目、不同程度的目标，让每一个学生都找到自己的亮点；承认学生的发展差异，考虑学生不同的起点，注重学生发展进程，实行纵向评价，强调学生个体过去与现在的比较，着重于提高学生的语文素养，不是简单地分等排序，使学生真正体验到自己的进步。

二、小学语文教学评价取向的整体性和综合性

课程的实施过程是一个十分复杂的研究领域，包含多种因素，语文学习具有重情感体验和感悟的特点，应从不同角度，用不同方法认识和评价具体的课程实施，量化和客观化不能成为语文教学评价的主要手段。因此，《标准》坚持全面的评价取向，突出语文课程评价的整体性和综合性。

整体性，主要包括两个方面：从内容看，语文课程是一个整体，评价语文教学的内容应该包括识字与写字、阅读、写作、口语交际和综合性学习，而不能像以往一样只注重阅读和写作的评价；从评价领域而言，新课程凸显并整合三大培养目标，它的范围不能仅限于知识与能力。还要对过程与方法、情感态度与价值观进行全面评价，以全面考察学生的语文素养。也就是说，评价既要对产生学习的结果进行描述和判断。也要对产生这一结果的多种因素和动态过程进行描述和判断：既要看到学生智力发展的一面，也要看到他们的动机、兴趣、情感、态度、意志、性格等非智力因素作用的一面。

《标准》还提出避免语文评价的繁琐化，应根据各学段目标达成

的要求，抓住关键，突出重点，进行全面、综合的评价。这意味着在学生的评价中不要独立地对这些标准进行评价。以"态度与情感"的评价为例，这一标准要求教师关注学生学习积极性与主动性、学生的自信心、对学习的兴趣等重要方面，但其评价有一定的特殊性，在评价过程中要避免将其简单量化、逐项打分的做法。教师要用自己的经验与智慧，在日常教学活动中通过观察（观察学生的平时作业、课堂上提出问题与对问题的解答、学生平时的学习习惯与求知欲）、访谈、成长记录袋等多种方法，了解和评价学生。情感与态度渗透在学生平时的学习过程以及学习方法的运用、对知识和技能的掌握之中，对其评价是为了学生更好地掌握知识与技能，在过程与方法上有进一步的提高，从而又增进对学习的积极情感与态度，而不是通过一些评定方法给学生一种等级。

三、小学语文教学评价手段的多样性和灵活性

全面的课程评价要有与之相适应的手段来配合，对课程的不同层次和不同侧面的评价，需要采取不同的评价手段。从国内外的课程评价改革来看，为真实地了解课程实施的各个方面，在评价上都比较重视将多种手段相结合，将形成性评价与终结性评价结合起来，实现评价重心的转移；将定量评价与定性评价结合起来，在加强定量评价的同时突出定性评价。

《标准》指出："形成性评价和终结性评价都是必要的，但应加强形成性评价。"这就要求评价由过分关注结果逐步转向对过程的关注。关注结果的终结性评价，是面向"过去"的评价；关注过程的形成性评价。则是面向"未来"重在发展的评价。所以，在日常的

语文教学评价中，"提倡采用成长记录的方式，收集能够反映学生语文学习过程和结果的资料，如关于学生平时表现和兴趣潜能的记录、学生的自我反思和小结、教师和同学的评价、来自家长的信息等。"评价重心更多地关注学生的求知过程、探究的过程和努力的过程，及时了解学生在发展中遇到的问题、所做出的努力以及获得的进步，这样才可能对学生语文学习能力的持续发展和提高进行有效指导。同时，只有在关注过程中，才能有效地帮助学生形成积极的学习态度、科学的探究精神，才能注重学生在学习过程中的情感体验、价值观的形成，实现学生语文素养的全面提高。

《标准》同时指出"定性评价和定量评价相结合，更应重视定性评价。学校和教师要对学生的语文学习档案资料和考试结果进行分析，客观地描述学生语文学习的进步和不足，并提出建议。用最有代表性的事实来评价学生。对学生的日常表现，应以鼓励、表扬等积极的评价为主，采用激励性的评语，尽量从正面加以引导。"定性的方法与定量的方法并不是孤立的，在同一评价过程中，应将二者有机结合起来运用，质性评价从本质上并不排斥量化的评价，它常与量化的评价结果整合应用。第一学段应采取定性描述的方式呈现，第二学段采用定性与定量相结合的方式呈现。以定性描述为主，定量评价可采用等级制的方式。定性描述可以采用评语的形式，评语可以补充等级的不足。一个等级所能反映出的信息毕竟是有限的，对于难以用等级反映的问题，可以在评语中反映出来，因而对学生的评价能够更加全面。

在实施语文教学评价的过程中，与评价密切相联的一个重要内容就是考试。评价不等于考试，考试作为一种测量的结果，是评价的依据和重要组成部分，以往把考试与测验作为评价学生语文学习成效的惟一手段的做法是片面、不科学的。语文考试是语文教学过程的重要环节，也是语文教学改革的重要"瓶颈"，考试对教学活动具有导向性，考试的内容和方式不变，语文的教学改革难以实施。因此，《标准》明确指出"应采用多种评价方式，考试只是评价的方式之一"，这对遏制语文教学中片面强化考试的甄别与选拔功能有积极的作用。

四、小学语文教学评价主体的多元性和交互性

新课程改革的目标之一是通过评价主体的多元化，增加评价主体间的互动，共同参与，交互作用，促进评价者的自我反思与改进。《标准》强调要发挥评价积极的正面导向和推动作用，坚持评价主体的多元化。指出"应注意教师的评价、学生的自我评价和相互评价相结合。加强学生的自我评价和相互评价。还应让学生家长积极参与评价活动。"这体现了教育过程逐步民主化、人性化发展的进程，改变了以往的评价只有教师参与的倾向。确立了学生也是评价主体的地位。教师与学生作为教学双方的主体，都是课程评价的主体。这种评价的实质，从一个侧面反映了学生是学习主体的现代教学观。学生将评价变成主动参与、自我反思、自我教育、自我发展的过程；同时在相互沟通协商中，增进了双方的了解和理解，易于形成积极、友好、平等和民主的师生关系，有助于评价者在评价进程中有效地对被评价者的发展过程进行监控和指导，帮助被评价者接纳和认同评价结果，促进其不断改进，获得发展。

教师评价 对学生语文学习进行考评的工具应涉及到用于评价学生的进步，调节教师的教学以及为家长们提供他们孩子在校学习

语文的情况等几个方面。教师直接服务于学生，在面对面的交流过程中。最容易观察到学生的变化。所以，在对学生的评价过程中，教师的评价是非常重要的。教师在对学生的语文学习情况评价时应注意多种评价形式的结合，针对学生的实际特点，从课堂观察、作业分析、操作、实践活动等方面对学生的语文学习进行评价。

学生互评　学生之间朝夕相处，相互最了解，所以学生之间的评价，最能反映出学生在语文学习中的细微变化。借助学生之间的评价，教师可以了解学习过程中学生语文知识的掌握、情感态度的变化、能力的形成。

学生自评　新课程特别重视学生的自评、自检。正确客观的估量、评价自我是学生不断发展进步的基础，必须给学生留出充足的自我评价的空间，结合老师和同学对自己的评价，用一句话概括一周最出色的一方面或一件事。从而激励学生学习语文的自信心。

家长评价　中国的家长对教育赋予了热忱的关注，尤其是对语文更是情有独钟。应组织起家长的力量。使其成为教育改革的动力，将老师、学生的力量合而为一，为学生的发展创造最优良的环境。教师应定期或不定期向家长反馈，把一段时间学生在校情况及时反映给家长，使家长了解孩子的表现。并及时调整自己对孩子的教育方式。

在具体实施评价时，家长评价、同伴评价和自我评价要根据实际情况灵活运用，而不能机械地实施。必须注意避免教条地理解和落实主体多元化。学生的每份作品都要由学生本人、同伴、家长或教师多个主体同时评价的做法，不仅不能充分调动和发挥学生本人的主体性以及同伴、家长和教师的积极性，还可能使评价成为他们的负担。在实施评价主体的多元化时，必须考虑这样做的目的。让学生参与评价过程与结果的分析。主要是想让学生通过自我评价提高他们的自主意识、反思能力与学习的积极性和主动性，从而更加有效地促进发展。让家长参与评价过程，是为了让家长更多更好地了解自己的孩子与学校的教育教学，从而帮助、支持孩子，使家长也成为学校教育另一可利用的有效资源。可以按照评价的不同目标、内容或功能选择不同的评价主体，还要提供具体的指导和调控，一方面他们提供的评价信息与意见要谨慎采用，另一方面要防止学生形成只会发现他人缺点，对自己却只看优点的倾向。

第 二 章

新课程小学语文学习发展性评价

▶新课程小学语文学习发展性评价目标
　研究
▶小学语文教学评价方法的改革及案例
▶小学语文教学评价工具改革及案例
▶小学语文学习发展性评价结果的运用

第一节　新课程小学语文学习发展性评价目标研究

长期以来，小学语文教学关注的是课堂教学的改革，在构建新的课堂教学模式和优化教学过程等方面，取得了突出的成绩。但是，语文评价的改革与课堂教学改革不同步，学生评价和考试制度存在着与全面推进素质教育的要求及新课程改革的理念不相适应的现象。

因此，学生语文学习评价要建立促进学生全面发展的评价体系，要全面考察学生的语文素养，促进学生全面发展。应该把学生的语文学习评价当成教与学的主要的、本质的、综合的组成部分，把评价作为与教学过程并行的同等重要的过程，从学生的知识与能力，过程与方法，情感态度与价值观等方面进行综合评价。

一、小学语文课程三个维度的评价

语文课程的核心理念是全面提高学生的语文素养。语文素养是工具性与人文性统一的体现。工具性与人文性的统一，是指语文课程必须面向全体学生。必须遵循语文的特点和学生学习语文的规律，必须容纳学生的生活经验，并有助于学生与文本的互动。语文的工具性，只有与人文性统一，它才能焕发强大的生命力；语文的人文性，只有以工具性为基础，它才能成为有源之水，源远流长，发挥语文育人的功能。在《语文课程标准》中，工具性与人文性的统一像一条红线贯穿始终，而实现这一基本理念，就具体体现在三维目标之中。语文素养包括语文知识、语文能力，这是工具性；又包括情感、态度和价值观，这是人文性。语文课程的教学目标是根据知识和能力，过程和方法，情感、态度和价值观三个维度设计的，前两个综合维度体现工具性，后一个维度体现人文性，三个维度互相渗透，融为一体，就是工具性与人文性相互统一的体现。

根据这一核心理念，对学生语文能力的评价要科学、客观、全面，应该突出语文评价的整体性和综合性，要从知识与能力，过程与方法，情感、态度与价值观几方面进行评价，应全面考察学生的语文素养。

（一）第一个维度——知识与能力

1. 评价目标。

人类社会已经进入 21 世纪。以计算机为代表的信息技术时代已经到来。现代社会对知识的需求量与日俱增，知识更新，知识重组，知识创新日新月异，它要求人们不但要拥有大量的信息知识，而且要有获取知识的能力。现代社会把知识分为："是什么"的知识，"为什么"的知识，"怎么样"的知识、"如何做"的知识。前两种是显性知识，是学生通过教材媒体、学校生活、社会生活、家庭生活而获得，大多指的是传统的知识观。比如学生掌握了多少汉字和词语，学习了多少篇课文，懂得了哪些读书方法，能写多少篇多少字的作文等。后两种知识是隐性知识，它指的是现代人的能力观。学生学到的知识，只有知道学得怎么样，如何把学到的知识，经过语文实践，社会生活的亲身体验，变成一种能力，才能发挥知识的功效。知识与能力的关系是手段与目的的关系，语文知识是手段，语文能力是目的，因为社会对学生的需求是语文能力，应该做到知识与能力的统一。评价目标是：

（1）语言和文化的积累。

《语文课程标准》指出，"语文课程应培育学生热爱祖国语文的思想感情，指导学生正确地理解和运用祖国语文，丰富语言的积累，培养语感，发展思维。"这一表述强调了语言的积累和文化的积淀。根据这一思想，《语文课程标准》不仅规定了量化的目标，语文教材中还设计了积累语言的内容，安排了积累语言的思考练习题。

第一，汉字积累。小学阶段认识常用汉字 3000 个，会写 2500个。这一目标是识写分开、多认少写的字。在什么样的语言环境中都能认识；会写的字，不但要读准字音，认清字形，了解字义，正确的书写和运用，还应关注学生写字的姿势与习惯，书写得是否正确、端正、整洁。

第二，阅读积累。掌握和运用常用词语，积累好词佳句，随手摘抄，熟读成诵。背诵古诗文 150 篇，课外阅读：五年制的学生不得少于 100 万字。六年制的学生不得少于 145 万字。通过图书室、阅览室、计算机收集大量的信息，处理信息。

第三，习作积累。养成留心观察事物的习惯，有意识地丰富自己的见闻，积累习作素材。能写简单的纪实性作文，内容具体，感情真实，40 分钟能完成不少于 400 字的习作（高年级）。

（2）语言和文化的应用。

语言和文化的应用，是语言和文化积累的质的飞跃。语文知识的积累只有运用于学生的语文实践，才能成为"怎么样"的知识，"如何做"的知识，才能变成有用的知识。

第一，文字知识。要求学生具有能在具体的语言环境中运用并使用工具书独立识字的能力。

第二，阅读。要求学生自读自悟，读中体会、读中理解、读中感悟，不但要悟其情，明其理，还要知其法。把在课文中学到的最基本的读书方法运用到自己的语文实践中。比如，"注意语言的积累"、"读文章想画面"、"理解重点词语"、"理解含义深刻的句子"、"抓住主要内容"、"阅读要有自己的见解"、"阅读要有一定的速度"、"领悟作者的表达方法"、"从阅读的内容想开去"等。学生如果能运用这些读书方法进行课外阅读，再通过图书室、阅览室、计算机网络等资源，把这些方法变成一种读书能力，学生将受用终生。

第三，习作。要求学生自由表达，有创意的表达，关注学生观察、思考、表现、评价的能力。要说真话、实话、心里话，不说假话、空话、套话，在实践中学会写作。比如，怎样观察周围的事物，养成留心观察周围事物的良好习惯，怎样选择自己的写作素材，怎样根据自己的需要自由选择表达方法，怎样练习修改自己的习作，逐渐养成自改作文的能力和良好习惯，怎样进行互批互改，培养鉴赏和评价能力等。

第四，口语交际。要求学生能在具体的情境中进行交际，具有主动交际的意识，具备倾听、表达和应变的能力，具有文明和谐地进行人际交流的素养。

第五，综合性学习。要体现语文知识的综合运用，听说读写能力的整体发展，学习活动的自主性和积极主动的参与精神。

总之，语文学习的"知识与能力的评价"，一要评知识文化的"量"，二要评知识文化的"质"，三要评语文能力的"用"，四要评语文能力的"创"。

2. 评价要素。

语文素养是一个人具有的综合的语文知识和语文能力，语文知识的积累和形成是语文素养的基础，语文素养的提高只能在语文知识和语文能力培养之中。语文知识包括：语言知识、文章知识、文学知识。语文能力包括：一般能力，即听说读写的能力。发展能力，即认识能力、自学能力、开发能力，创新能力。因此，语文学习的"知识和能力"评价应有以下要素：

（1）语言知识评价。

能借助汉语拼音和字典认读生字，能读准字音，认清字形，了解字义，并能正确地书写和运用；能在具体的语言环境中理解词语的意思，并能积累和运用常见的词语；能够理解句子的意思，能够联系上下文理解含义深刻的句子；能够抓住课文的主要内容。

（2）文章知识评价。

能在具体的语言环境中，理解词语的意思，区分近义词、反义词和词语的不同色彩；了解一些比喻句、排比句、拟人句、夸张句及四种基本句式；从课文的学习中体会文章的思想感情，领悟作者的表达方法。

（3）文学知识评价。

了解一般文体的样式，如童话、儿歌，简单的记叙文，常用的应用文（留言条、书信、通知、演讲稿、解说词、调查报告、会议记录、读书笔记）；了解一些学过或课外阅读文章的文学常识；通过课内学习和课外阅读等语文实践活动，学习感受、理解、欣赏、评价文章，逐步养成欣赏评价能力和鉴别能力；通过课内外阅读，了解或领悟一些表达方法；能够根据要求，背诵课内外古诗文150篇，课外阅读不少于145万字。

（4）一般能力评价。

一般能力的评价指的是听说读写的评价。听人说话要注意力集中，注意倾听，能听懂别人说话的内容，要有礼貌；说话要落落大方，侃侃而谈，要把话说清楚，说明白，要语言清楚、简炼；阅读文章要有自己的见解，根据课文的要求和自己的需要，能够读懂文章，抓住主要内容，体会思想感情，领悟表达方法；能够根据自己的需求和要求练习写作，基本做到文从字顺，感情真实、自主拟题、自由表达、有创意地表达，能按要求写简单的纪实性文章、常用的应用文和想像作文。

（5）发展能力评价。

发展能力的评价一般是指学生的思维能力、运用能力和创造能力的评价。能够独立地学习；能够独立地提出问题，分析问题和解决问题；能够与别人和睦相处、合作学习，在学习中学会合作，在合作中学会探究，在探究中得到锻炼，在锻炼中学会做人；能够在语文学习的实践中和实际生活中，锻炼自己的实践操作能力。不断探索和创新。

（二）第二个维度——过程与方法

1. 评价目标。

语文学习是一项实践性很强的活动，学生在这个学习过程中，自主地发现问题、探索分析问题、解决问题。以往的语文学习评价，只重视对学生学习结果的评价，而忽视了学生的学习过程的评价。

这种重结果轻过程的评价，只关注学生在某一阶段学习终结时的成绩测定，很少关注学生在学习活动中的发展性、生成性，更忽视学生在学习过程中的自主性和主动性、学习习惯和情感态度，不利于学生的可持续发展。

其实，语文学习是过程与结果的统一，是外化与内化的统一。语文学习不仅要看最终的结果，更应当把它视为一个过程，如果只注重学生学习的最终成果，把学习中产生变化的结果——主体发展，仅仅视为结果，那就偏离了评价的正确轨道，与素质教育思想是相悖的。根据语文学习的特点和学生学习语文的规律，强调学习过程与学习方法是十分重要的。语文学习离开了过程，离开了语言的活动和交往，离开了语言的运用和实践，语文知识很难内化为语文能力，很难养成良好的语文行为习惯。语文学习方法还是语文素质教育的基本点，探索知识的方法，比掌握知识更重要，比获得现成的知识更有价值。新时期教师的主要任务不是教给学生多少知识，而是教给学生的学习方法，让学生自己运用学习方法，自能读书，探索和发现问题，分析和解决问题，诱发学生的创造潜能，把学生带到人生的十字路口，扶上马再送一程，让学生自主选择人生的坐标。在语文学习中，我们应该至少教给以下学习方法：

利用汉语拼音和字典自主识字的方法，理解和运用词语的方法，积累语言的方法，联系上下文，在具体的语言环境中理解重点句子的方法，抓住文章主要内容的方法。体会文章的思想感情和领悟作者表达的方法，观察周围事物的方法，选取习作素材的方法，修改习作的方法，利用图书室、阅览室、网络等查阅资料、收集和处理信息的方法，社区实践和社会调查方法……

总之，语文学习"过程与方法"的评价，要一评文献检索的能力，二评科学思维的方法，三评语文学习的操作，四评学习习惯的养成。

2. 评价要素。

语文学习的"过程与方法"可以建构"听说与读写：观察与积累；联想与想象；实践与内化；自学与互学；探究与创新"等环节。例如"读"和"写"的过程，是一个自主内化，实践探究的过程。阅读的操作程序是"整体感知——重点理解——鉴赏评价——拓宽延伸——发展创造"；习作的操作程序是"情感体验——生活积累——联想想象——习作创造——修改升华"。因此，语文学习"过程与方法"的评价应有以下要素：

（1）课堂参与。

听讲时注意力集中，积极主动地参与学习，不断提出问题，勇于发表自己的意见或见解，积极参加讨论、合作探索、携手攻关。

（2）阅读习惯和方法。

每天坚持朗读，做到正确、流利、有感情，学会浏览、默读、速读；边读边想，读读画画，圈圈点点，注释，批注；学会使用工具书进行读书，学会预习、复习、查阅资料、摘抄。

（3）表达习惯。

留心观察周围的事物，勤于动笔，乐于写作，善于捕捉生活中的闪光点，学会从生活中提取素材，学会用口头语言和书面语言表达自己的情感，写想像中的事物。

（4）课外学习。

坚持课外阅读，并达到规定的课外阅读量，经常写读书心得笔记，摘录好词佳句，剪贴，经常有小练笔。

（5）收集处理信息。

根据需要和自身条件，利用图片资料、图书室、阅览室、计算机网络等查阅资料，搜集处理信息。

（三）第三个维度——情感、态度和价值观

1. 评价目标。

语文课程的三个维度："知识和能力"是语文学习的基础，即语文学习的智力；"过程与方法"是语文学习的基本点。即语文学习的智慧；"情感、态度和价值观"是语文学习的保证，即语文学习的动力。知识和能力是可以习得的，过程和方法是可以实践的，情感和态度是可以养成的。杜威说。"每一个儿童来到学校的时候，除了怀有获得知识的愿望外，还带来了他自己的情感和感受的世界。"《语文课程标准》不但规定了"知识和能力"，"过程和方法"的目标，而且提出了"情感、态度和价值观"的目标。培养爱国主义感情，社会主义道德品德，逐步形成积极的人生态度和正确的价值观。培植热爱祖国语言文字的情感，养成语文学习的自信心和良好习惯，掌握最基本的语文学习方法。《语文课程标准》在"情感和态度"方面还规定了最基本的目标：

（1）识字写字。

喜欢学习汉字，有主动识字的愿望，养成正确的写字姿势和良好的写字习惯，初步感受汉字的形体美。

（2）阅读。

喜欢阅读，感受阅读的乐趣，喜爱图书，爱护图书，养成读书看报的习惯。1—2年级提出"阅读浅近的童话，寓言，故事，向往美好的情境，关心自然和生命"；3—4年级提出"关心作品中人物的命运和喜怒哀乐"；5—6年级提出"说出自己的喜欢、憎恶、崇敬、向往、同情等感受，受到优秀作品的感染和鼓励，向往和追求美好的理想。"

（3）习作。

1—2年级提出"对写话有兴趣"；3—4年级提出"愿意将自己的习作读给别人听，与他人分享习作的快乐"；5—6年级"懂得写作是为了自我表达和与人交流而写。"

（4）口语交际。

与人交谈。态度自然大方、有礼貌，有表达的自信心，与人交流能尊重、理解对方，在交际中注意语言美，抵制不文明的语言。

（5）综合性学习。

对周围事物有好奇心，观察大自然，观察社会，结合语文学习策划活动。辨别是非善恶。

总之，语文学习的"情感、态度和价值观"的评价，一要评语文学习的兴趣。二要评语文学习的习惯，三要评语文学习的方法，四要评语文学习的意志品格。

2. 评价要素。

语文学习的"知识与能力，过程与方法"有时可以用量化来评价，而情感、态度和价值观是不能用量化来评价的，但情感、态度和价值观是语文学习的重要保证。在语文学习的过程中，组织建立正常的学习行为规范，必须养成良好的学习习惯，必须锻造出良好的学习意志品格。这样才能更好地实现"知识与能力，过程与方法"的目标。因此，对学生语文学习的评价，不仅要关注学习成绩，而且要诱发学生的潜能，了解学生的需求，帮助他们确立健康的情感，积极的态度，正确的价值观。"情感、态度和价值观"的评价要有以下要素：

（1）热爱语文。

《语文课程标准》指出："语文课程应培养学生热爱语文的思想感情，指导学生正确地理解和运用祖国语文，丰富语言的积累，培养语感，发展思维，使他们具有适应实际需要的识字写字能力，阅读能力，写作能力，口语交际能力。"热爱语文是学生学好语文的基本点，要求学生对语文学习有兴趣，有强烈的语文学习欲望，热爱生活，积累语感，自主地进行语文实践。

（2）关心文化。

认识中华文化的丰厚博大，吸收民族文化智慧。关心当代文化生活，尊重多样文化，吸取人类优秀文化的营养。关心科学、关心人文。

（3）参与实践。

自主地进行语文实践，接触社会，接触大自然，要让学生更多地接触语文材料，在大量的语文实践中掌握运用语文规律。

（4）合作探究。

在学习中学会合作，学会交流，共同探究，共享成果；在学习中充分发挥自己的特长，有好奇心、求知欲，有主动意识和进取精神。

(5) 价值取向。

在语文学习的实践活动中，发现自我、认识自我、展示自我、提高自我。珍爱生命、关爱他人、关爱生活、关爱社会、关注自然、关注和平。

二、小学语文学习五个方面的内容评价

《语文课程标准》把整个目标系统分为总目标和阶段目标。纵向隐含了知识与能力，过程与方法，情感、态度和价值观这三个维度目标。横向显性地呈现了识字写字、阅读、习作、口语交际、综合性学习五个方面的目标。前面论述了三个维度目标的评价，这里则根据《语文课程标准》的总目标和阶段目标，讲述如何把握好语文评价标准，抓住关键，突出重点，进行小学语文学习五个方面的内容评价。

(一) 识字写字的评价

1. 评价目标。

(1) 能利用汉语拼音识字，学习普通话。

(2) 认识常用汉字 3000 个，其中 2500 个左右会写，并了解在具体语言环境中的意思。

(3) 能用音序和部首检字法查字典，能根据读写的需要使用汉字，能独立识字。

(4) 养成正确的写字姿势和良好的写字习惯。

(5) 用硬笔写字。写得正确、端正、整洁，行款整齐，有一定速度。用毛笔临帖，字写得优美匀称，纸面干净。

（6）能利用教科书以外的学习资源和课堂以外的学习渠道自主识字。如，在生活中利用书报、影视、商标、网络自主识字，经常和同学交流自主识字的成果。

识字写字评价，既要有《语文课程标准》的整体目标，也要有教材的阶段目标，还要有课时的规定目标。因此，识字与写字的评价。一评识字数量，即《语文课程标准》和教材的要求；二评识字质量的要求，即读准字音，认清字形，了解字义；三评识字能力，即掌握识字方法和培养识字能力；四评写字能力，即写规范的楷体字。行款整齐，有一定的速度，并体会书法的审美价值。

2. 评价要素。

识字写字评价的要素是由汉字本身的特点和儿童心理发展的规律决定的，评价标准的定位应考查学生读准字音，认清字形，掌握汉字基本意义的情况，以及在具体语言环境中运用汉字的能力，借助字典、词典等工具书识字的能力。因此，识字写字评价应该有以下要素：

（1）读准字音。

读准字音是学生识字的基础，因为汉字是表意文字，字形不能把字音直接标示出来，所以读准字音是识字的重点。黑龙江省所处的方言区，要特别注意读准平翘舌音。

（2）认清字形。

汉字是方块的表意文字，字形结构各异、笔画繁多，90％以上为形声字，要让学生初步掌握识字规律，认清字形。如，上下结构、左右结构、上中下结构、左中右结构、半包围结构、全包围结构、品字形结构等。认清字形是学习识字的难点。

（3）理解字义。

理解字义是发展学生语言的焦点，它是识字写字教学的主要任务，是运用汉字的基础，是培养学生读写的起点，应考查学生在具体的语言环境中理解字义，运用汉字。

（4）识字方法。

识字方法由儿童认识事物的规律，学习语文的规律，汉字本身的规律所决定，具体表现为"四个结合"：字的音、形、义结合；识字和认识事物结合；识字和听、说、读、写结合；识字和写字结合。

（5）识字能力。

识字能力是指运用工具书独立识字的能力，利用教科书以外的学习资源自主识字的能力。能利用汉语拼音识字，能根据汉字的笔画和偏旁部首识字，利用字典和词典识字，利用计算机网络识字，在社会生活中识字，拓宽识字途径，开辟识字渠道，有强烈的自主识字欲望。

（6）写字能力。

执笔、运笔和写字姿势正确，掌握笔顺规则；注意间架结构，会用硬笔、毛笔写字，并体会汉字书法的审美价值。

附表 1

小学语文汉语拼音课堂学与教评价标准

项目	评 价 要 求	等级			
		A	B	C	D
学 域	对学习汉语拼音有兴趣，态度积极				
	能读准声母、韵母、音节和声调，没有语音缺陷				
	能正确拼读音节				
	能正确书写声母、韵母				
	掌握字母书写笔顺规则，书写准确、规范。大小均匀，纸面干净				
教 域	培养学生学习汉语拼音的兴趣				
	依据汉语拼音的特点和学生学习拼音的规律实施教学				
	教学方法、媒体优化组合，灵活有效				
	注意创设多种情境，开展各项活动，引导学生掌握、巩固所学内容				
	语音标准				
	板书字形规范、美观，书写指导准确、恰当				

附表 2

小学语文识字写字课堂学与教评价标准

项目	评价要求	等	级		
		A	B	C	D
学域	对识字、写字有兴趣，态度积极				
	能读准字音				
	能用自己喜欢、熟悉和各种灵活有效的方法记忆字形				
	能借助各种媒体和语言环境初步理解字义				
	掌握识字工具（拼音、笔画部首、查字法）				
	掌握笔顺规则，笔画准确、规范，结构匀称，纸面干净				
教域	激发学生热爱汉字的思想感情				
	培养学生识字、写字的兴趣				
	依据汉字的特点和学生学习汉字的规律实施教学				
	教学方法、媒体优化组合，灵活有效				
	语音标准				
	板书字形规范、美观，书写指导准确、恰当				

附表 3

铅笔字书写评定标准

项目	分值	评定标准（三级基准分）		
卷面	10	两处以上涂改	无涂改	通篇整洁
		3	6	10
正确	20	三个以上错别字	一个错别字	全部正确
		8	14	20
笔画	15	四个以上不规范笔画	两个不规范笔画	全部规范
		3	9	15
结构	25	五个以上不匀称	三个不匀称	基本匀称
		5	15	25
行款	15	四处以上出格（含歪斜、偏大或偏小）	两处以上出格（含歪斜、偏大或偏小）	布局合理整齐划一
		3	9	15
速度	15	20分钟写60个以上	20分钟写80个以上	20分钟写90个以上
		3	9	15

附表 4

钢笔字、毛笔字书写评定标准

项目	分值	评定标准 （三级基准分）		
卷面	10	两处以上涂改	无涂改	通篇整洁
		3	6	10
正确	20	三个以上错别字	一个错别字	全部正确
		8	14	20
笔画	15	四个以上不规范笔画	两个不规范笔画	全部规范
		3	9	15
结构	25	六个以上不匀称	四个不匀称	基本匀称
		5	15	25
行款	15	四处以上出格 （含歪斜、偏大或偏小）	两处以上出格 （含歪斜、偏大或偏小）	布局合理 整齐划一
		3	9	15
速度 钢笔	15	20 分钟写 50 个以上	20 分钟写 60 个以上	20 分钟写 70 个以上
		3	9	15
毛笔		20 分钟写 30 个以上	20 分钟写 40 个以上	20 分钟写 50 个以上

（二）阅读的评价

1. 评价目标。

对于学生的阅读评价，《语文课程标准》规定了八个方面的内容：

（1）对阅读有浓厚的兴趣，能理解主要内容，体会思想感情，领悟作者的表达方法。

（2）能用普通话正确、流利、有感情地朗读课文。

（3）默读要边读边思考，要有一定的速度，每分钟要达到300字。

（4）背诵优秀诗文160篇。

（5）学习浏览。扩大知识面，能根据需要快速收集有关材料。

（6）养成读书看报的习惯，学会制定阅读计划，学会积累语言材料。

（7）课外阅读总量，五年制的学生不少于100万字，六年制的学生不少于145万字。

（8）利用图书馆、阅览室、网络信息渠道，尝试进行探究性阅读。

阅读教学是语文教学的重要组成部分，是培养学生由认读、理解、鉴赏、记忆、迁移和速读能力构成的系列语文训练。阅读教学的重点应培养学生具体的感受、理解、欣赏、评价的能力，阅读教学在构成上述阅读能力的结构中，以理解能力为核心，以鉴赏能力为升华，它是语文教学的基本环节。因此，阅读评价，一评学生的阅读能力，二评学生的阅读习惯，三评学生的阅读方法，四评学生的阅读意志品格。

2. 评价要素。

阅读是学生根据自己的需要，自主吸收语言，体会语言的过程，它包括字、词、句、段、篇的学习和朗读、默读、复述、背诵的训练，以及体验、感悟、鉴赏、评价。因此，阅读评价应有以下要素：

（1）词语评价。

词语学习是阅读的基础，学生掌握理解运用词语的多少，直接影响着学生读写能力的提高。第一，能根据课文的要求，熟练地朗读词语。抄写和默写词语；第二，理解词语意思。能联系上下文和生活实际理解课文词句的意思，在阅读中积累词语，体会课文中关键词句在表达情意方面的作用，体会其表达效果；第三，运用词语。能根据自己表达的需要，把学过的词语运用到自己的习作中去，基本做到用词恰当准确。词语学习评价重点评价学生理解词语的方法和运用词语的能力。

（2）句子评价。

能根据课文的要求，分辨出陈述句、祈使句、疑问句、感叹句、比喻句、拟人句、排比句、夸张句、过渡句等一些句子，理解句子的意思。能联系上下文理解句子的意思，特别是重点理解含义比较深刻的句子，句与句是怎样联系起来的。句子学习评价的重点是理解句子的方法。

（3）段的评价。

能够认识自然段，理解段的层次，了解段的意思，评价的重点是归纳自然段段意的方法。

（4）篇的评价。

认识自然段之间的联系，能概括课文的主要内容，在阅读中揣摩文章的表达顺序，体会文章的思想感情，初步领悟文章基本的表达方法。在交流和讨论中，敢于提出自己的看法，作出自己的判断。

重点评价学生整体把握水平。

（5）朗读训练评价。

能正确、流利、有感情地朗读课文，重点评价朗读的技巧。

（6）默读训练评价。

默读要有一定速度，默读一般读物每分钟不少于 300 字，重点评价学生的默读理解。

（7）略读的评价。

重在考查学生能否把握阅读材料的大意。

（8）浏览能力的评价。

重在考查学生能否从阅读材料中捕捉重要信息。

（9）复述训练评价。

能抓住文章的重点复述，能运用课文的语言复述，能用自己的语言创造性地复述。重点评价复述的语言。

（10）背诵训练评价。

边背诵边理解思想内容，能正确熟练地背诵，恰当地运用背诵方法，在背诵中积累语言，提高表达能力。

（11）文学作品评价。

学习了解文学作品的思想感情，了解常见的文体和语言。

（12）表达方法的评价。

在阅读中领悟叙述、描写、说明、议论，抒情等表达方法。

附表 1

小学语文阅读课堂学与教评价标准

项目	评价要求	等级			
		A	B	C	D
学域	对阅读课文有兴趣，态度积极				
	能正确、流利、有感情地朗读课文				
	能用自己喜欢、熟悉和各种灵活有效的方法学习课文				
	具有良好的阅读习惯和方法，学会默读，边读、边想、边批注				
	参加讨论，能发表自己的见解并能倾听别人的发言				
	能提出问题，并与人合作、探讨、交流				
教域	注意随机渗透情感、态度、价值观的教育，培养学生的阅读兴趣				
	突出重点，重视积累、感悟、熏陶，突出语感培养				
	注重阅读策略、学习方法的指导				
	重视学科之间、知识之间、课内外之间的联系				
	注意阅读能力的培养（理解、朗读、默读、复述、背诵、浏览等）				
	教学方法、媒体优化组合，灵活有效				

附表 2

朗读评定标准

项目	分值	评定标准 （三级基准分）		
读音正确	25	吐字清晰，发音响亮，语音标准（声、韵、调准确），无方音，语流音变、变调、轻声、儿化正确		
		12	20	25
重音明确	20	根据表情达意的需要，正确确定、突出重音		
		10	15	20
停连适当	25	正确处理各种停连，做到自然、连贯、清晰		
		10	15	20
语速适中	20	根据文章的内容和表达思想感情的需要，运用不同的语速		
		10	15	20
语调自然	15	根据表达的思想感情的不同。自然运用各种不同的语调		
		8	12	15

（三）习作的评价

1. 评价目标。

《语文课程标准》规定了八个方面的目标：

（1）能把自己的见闻、感受和想像写出来，做到真实、具体，有一定条理，语句通顺。

（2）愿意将自己的习作读给别人听，与他人分享习作的快乐。

（3）能根据表达的需要，使用常用的标点符号。

（4）能借助语感尝试修改自己的习作，会使用批改符号互批互改。

（5）能写简单的纪实性作文和常用的应用文，注重写作过程的自审和自悟。

（6）能根据要求变换文体或表达方式，进行缩写、扩写、续写、改写。

（7）多角度地观察生活，体验生活，表达自己的独特感受和真切体验。

（8）一堂课能完成 400 字的习作。

作文是学生识字能力和表达能力的综合训练，是对学生运用语言表达情感的训练。要作到激童趣、说童话、写童事、表童心。让学生自主拟题，自由表达，有创意的表达。我手写我口，我口说我心。写自己看到的、听到的、想到的或亲身经历过的事情，写想像中的事物。在作文教学中，教师要把上述要求转化为学生的内在需要。让学生参与作文的全过程，激发他们习作的兴趣，真正成为习作的主人。因此，作文评价，一评学生的习作兴趣，二评学生观察、分析事物的能力，三评书面语言表达能力，四评良好的作文习惯。

2. 评价要素。

小学生作文是一种运用书面语言的练习。既然是练习，就不要求每次习作都告诉读者一个道理，表明某种观点，阐述某种认识。只要求说清楚，写明自，自己和别人能看懂，能具体明确，文从字

顺地表达自己的意思。习作的流程应该是具体（观察生活后积累的
素材）——抽象（在接触事实、材料中逐渐形成中心思想）——具
体（隐含中心思想的具体化的语言材料）的过程。根据作文的过程，
学生习作的基本环节是：第一，准备环节。观察体验生活。积累素
材。第二，立意构思环节。选择材料，审题立意，编写提纲，布局
谋篇。第三，起草环节。遣词造句，运用语言，构段成篇。第四，
修改环节。订正文字，修改病句，调整结构等。根据《语文课程标
准》的规定，作文评价应该有以下要素：

（1）对习作有兴趣和自信心，勤于练笔，乐于表达，愿意写作，
热爱写作，变"要我写"为"我要写"。

（2）语句通顺，内容具体，不说空话，有一定条理。

（3）用词恰当准确，正确使用常用的标点符号。

（4）能够根据自己的需要，不拘形式，自由表达，有创意地
表达。

（5）要表达真情实感。感情真实，说真话。实话，心里话，不
说假话，套话。

（6）文章书写工整，文字清晰、美观、大方。

（7）养成修改作文的良好习惯。运用批改符号，互批互改作文，
取长补短，促进相互合作，共同提高写作水平。

（8）在写作实践中学会写作。

《语文课程标准》关于写作教学的要求中，重视了过程与方法，知
识与能力之间的融合，应把注意力放在写作的实践上，主张多写，多
改，在实践中提高写作能力。淡化文体意识，注意语言运用能力；淡
化理论讲解，注重实际操作；淡化名词术语，注重实例比较启发。因
此，写作的评价按照上述的要素，应全面、科学、客观地进行评价。

附表 1

小学语文习作（写话）学与教评价标准

项目	评价要求	等级			
		A	B	C	D
学 域	对写作有兴趣，态度积极，乐于书面表达				
	写见闻、感受和想像，能不拘形式，表达真情实感，不说假话				
	留心观察、感受生活，积累写作素材				
	乐于运用阅读和生活中积累的词语				
	能写出自己独特的见闻、感受和想像				
	愿意将自己的习作与他人交流，主动与他人交换修改				
	达到相应学段作文能力的要求				
教 域	注意渗透情感、态度、价值观的教育，学作文与学做人结合				
	注重作文指导同学生生活的联系，培养学生观察、思考、乐写的习惯				
	注重创设情境，激发学生想像，鼓励有创意的表达				
	作文指导与阅读活动结合				
	做到全程、多次作文指导				
	作文指导同学生自悟结合，引导学生掌握作文的基本规律				
	指导准确、及时，贴近学生实际				
	引导学生会自我评价、接受评价和评价他人的作文，学会修改自己的作文				

附表 2

习作评定标准

项目	分值	评定标准（三级基准分）		
中心	15	全文离题，无中心	大体围绕中心表达	中心明确
		7	10	15
条理	20	条理不清	条理大体清晰	条理清楚
		8	15	20
内容	35	内容贫乏	内容比较充实	内容充实
		15	25	30
表达	30	①字：无错别字，给6分；每一个错别字扣0.5分（重复不计，下同）。②词语：使用准确，给6分；每一处使用不当扣0.5分。③句子：语句通顺。给6分；每一病句扣1分（词语使用不当不计）。④标点：标点正确，给6分；每一处标点使用不当（含应使用而未使用）扣0.25分。⑤书写、格式：字迹清楚，笔画规范，结构匀称，卷面整洁，格式正确，给6分；否则，酌扣1—3分。		
附加分	5	学生的习作在上述的某一或某些方面表现突出，或习作构思新颖，想像合理而有创造性		

（四）口语交际的评价

1. 评价目标。

口语交际能力是现代公民的必备能力。应在具体的口语交际的情境中，培养学生倾听、表达和应变的能力，使学生具有文明和谐地进行人际交流的素养。评价目标是：

（1）口语交际要自然大方，文明礼貌，抵制不文明的语言。

（2）听别人讲话能抓住重点，并能简要地转述。

（3）坚持说普通话，能讲述见闻，说出自己的感受和想法。

（4）参加讨论交流能说出自己的意思，不理解的地方向别人请教。有不同意见与别人商量。

（5）能根据对象和场合。文明得体地提出问题，发表自己的意见。

（6）能根据需要调整自己的表达内容和方式，不断提高应变能力。

（7）能做即席讲话和主题演讲，观点明确，有一定的说服力。

（8）能积极主动地参与口语交际，不断总结，提高自己的口语交际能力。

口语交际是人与人之间的交流与沟通，它是一个听方与说方双向互动的过程，不是听和说的简单相加，口语交际重在人际交往，注重实践，重在交际中学会交际。应以贴近生活的话题或情境来开展口语交际活动，重在日常学习生活中口语交际能力的培养，而不是传授口语交际知识。口语交际能力的培养，要在双向互动的语言实践中进行，要有意识地利用语文教学的各个环节，要在课内外创设多种多样的交际情境，要鼓励学生在日常的学习生活中锻炼口语交际能力。因此，口语交际的评价，一要评口语交际的欲望，二要评听说普通话的能力，三要评听说的理解和表达能力，四要评听说的态度和习惯。

2. 评价要素。

评价学生的口语交际能力，应重视考查学生的参与意识和情感态度。评价必须在具体的交际情境中进行，让学生承担有实际意义的交际任务，以反映学生真实的口语交际水平。口语交际的评价要素有以下几点：

（1）有主动交际欲望，乐于与别人交流。

（2）听话习惯的训练。听别人讲话注意力要集中，不随便插话；听别人讲话要认真，边听边思考；听别人讲话要有礼貌，要尊敬对方。

（3）听话能力的训练。听懂别人的一段话，能理解主要内容；听懂别人的一段话，能抓要点；听懂别人的一段话，能转述别人的意思；听懂别人的一段话，能辨别讲话的正误；听懂别人的一段话，能说出话外意思。

（4）说话习惯的训练。坚持说普通话，学会用礼貌语言；当众说话，自然大方，口齿要清楚，声音要响亮。

（5）说话能力的训练。与人交际，能说完整话，能把话说清楚，说明白；叙述事情，能说通顺连贯的话；讨论问题，能说有条理的话；听人讲话，能复述别人的话；即席演讲，能说有说服力的话。

附表 1

小学语文口语交际课堂学与教评价标准

项目	评价要求	等级			
		A	B	C	D
学 域	对参加练习和交际有兴趣，态度积极				
	听别人讲话有礼貌，做到态度认真、专注，面带微笑，不随便插话				
	听别人讲话，能理解主要内容，能抓住要点，能转述别人的意思，能辨别讲话中的正误，能边听边思考				
	与人交际或说话有礼貌，使用礼貌用语，神态自然大方，举止恰当				
	与人交际或说话，能说普通话，口齿清楚，音量适中，速度合适，语句通顺、符合口语习惯，表达连贯、流畅，反应敏捷				
教 域	注意创设具有真实性、实用性、趣味性的情境，激发学生的兴趣				
	教学设计体现口语交际活动的双向互动性、实践交往性，在口语交际的实践中提高口语交际能力				
	注重口语交际活动的反馈评价（态势语、内容、语气、语句、读音等）				
	教学方法、媒体优化组合，灵活有效				

附表 2

口语交际评定标准

项目	分值	评定标准 （三级基准分）		
应对问话	25	反应迟钝	听懂问话，针对话题交谈，反应速度较慢	听懂问话，反应敏捷而灵活
		12	20	25
连贯流畅	20	表达不连贯（含重复）	表达基本连贯	表达流畅、连贯
		10	15	20
语句正确	20	语句大多不符合口语习惯，病句多	语句基本符合口语习惯，有病句	语句符合口语习惯，无病句
		10	15	20
神态表情	20	神态紧张，不敢开口或发音颤抖，有多余的习惯动作	比较拘谨，偶有多余的习惯动作	神态自然大方，举止恰当
		10	15	20
音量速度	20	音量过小，听不清楚，速度过慢或过快	声音基本适度，偶有过大、过轻、过快或过慢的现象	音量适中，速度合适
		8	12	15

（五）综合性学习评价

1. 评价目标。

综合性学习是一种自主、合作、探究的学习方式，是学生在教师引领、指导下的自主学习过程和实践探究过程，过程就是目标，是语文学科的一种课程表现形式。综合性学习主要体现为语文知识的综合运用，听说读写能力的整体发展，语文课程与其他课程的沟通，书本学习与实践活动的紧密结合。尤其有利于在实践中培养学生的观察感受能力，综合表达能力，人际交往能力，搜集信息能力，组织策划能力，互助合作和团队精神，对于培养学生终身学习的愿望和能力，有着极其深远的意义。综合性学习的评价目标是：

（1）强调学生亲身参与，获得积极体验；培养学生语文学习的好奇心，探究兴趣，问题意识（这是前提）。

（2）强调提高学生发现问题和分析、解决问题的能力，鼓励学生的观察体验，有新感受，有新发现（这是基础）。

（3）强调学生的主体意识，参与意识，合作意识（这是保证）。

（4）强调综合运用以及综合性地获得，提倡课内外联系，校内外沟通，学科间融合，实际运用（这是目的）。

（5）强调培养学生的社会责任感和使命感。体现正确的人生态度和价值观（这是归宿）。

语文课程的基本理念是全面提高学生的语文素养，是学生学好其他学科的基础，是学生终身发展的基础。因此，综合性学习的评价，一要评语文知识的综合运用，二要评听说读写能力的整体发展，三评语文课程与其他课程的沟通，四评书本学习与实践活动的紧密结合。

2. 评价要素。

综合性学习评价应主要关注学生在活动中主动地发现问题，探索问题，解决问题；收集信息和整理材料；根据占有的材料，形成自己的假设或观点；为验证自己的假设或观点提供材料；充分注意学生分析和解决问题的思路与方法，关注学生的个体差异，对不同常规的思路和方法给予足够的重视和积极的评价。综合性学习的评价要素是：

（1）学生参与活动的积极性和主动性，有主动参与意识。

（2）看学生在活动中的合作态度和参与程度。在综合性学习的过程中，能够与人合作，携手攻关，取长补短，充分发挥自己的才智，积极投身到活动中来。

（3）能否在活动过程中主动地发现问题、探索问题、分析问题和解决问题。

（4）能否积极地为解决问题去搜集信息和整理资料。

（5）能否根据课内外占有的材料，形成自己的假设和观点。

（6）语文知识和能力综合运用的表现。

（7）学习成果的展示与交流。

附表 1

小学语文综合性学习课堂学与教评价标准

项目	评价要求	等级			
		A	B	C	D
学域	具有强烈的好奇心、探究兴趣和问题意识				
	能根据自己的兴趣、爱好、经验、条件、能力等选择、确定学习的主题				
	积极参与活动，并善于与他人合作完成任务				
	能通过书籍、报刊和图书馆、互联网等各种媒体、方式获取有关信息、资料，具有初步的搜集信息和整理资料的能力				
	能综合地运用语文知识和能力				
	乐于用多种方式展示学习成果，与他人交流				
	能正确评价自己和他人的学习成果				
教域	激发学生学习兴趣，与学生共同确定学习的主题				
	为学生的学习提供信息、启发思路、介绍方法，发挥引导、指导作用				
	对有新意、有创意的学生给予及时的、积极的评价				
	引导学生学会交流、合作，学会尊重、理解和宽容				
	鼓励、帮助学生用多种方式展示学习成果				
	引导学生学会客观分析、正确评价自己和他人的学习成果				

附表 2

小学生语文素质综合评价表

第一次评价：　年　月　日　　　第一次评价：　年　月　日

第一次评价：　年　月　日

评价项目	评价内容	等级				家长评语	自我反思
		A	B	C	D		
拼音	拼读正确。借助拼音认读汉字、阅读						
识字	乐于识字，主动识字，掌握方法，完成识字任务						
写字	喜欢写字，执笔、写字姿势正确，写字正确、端正、匀称、整洁						
朗读	正确，流利，有感情						
阅读	阅读课文能积极思考，谈出自己的理解、体会，并能提出问题，背诵指定课文，喜欢背诵诗文，有每天阅读课外读物的好习惯，能经常作摘抄、剪报						
习作	喜欢习作，乐于表达自己的真情实感						
口语交际	具有良好的听话、说话的习惯、态度和能力						
综合性学习	积极参与，主动探索，搜集资料，合作交流，展示评价						
	语文学习的情感、态度、方法						

附表 3

小学生（　　）学期学习情况综合评价表

项目	识字写字	阅读	习作（写话）	口语交际	综合性学习	期末考试	等 级			
							A	B	C	D
学习行为表现	认真诵读课文，勤于积累语言，乐于通过口头或书面表达所感所悟。									
	善于发现和提出问题，积极搜集、整理信息，探究解决的途径。									
	善于交流、合作，敢于表达自己的见解，态度自然、大方、有礼貌。									
	广泛阅读课外读物，积极参加课内外语文实践活动。									
	主动、认真、按时完成作业，能及时修改和小结。									
期末总评等级	期末评语									

说明：

《知识能力》一栏的前五项依据平时的成绩评价。第六项依据期末考试的成绩评价；《学习行为表现》一栏所列的内容，属于最高要求，即达到"A"等级的标准，其他等级可依据学生距离此要求的程度而加以确定。

三、小学语文学习三个学段的评价

《语文课程标准》根据三个维度的目标，规定了总目标和阶段目标。阶段目标具体规定了学生在每个学段中应该达到什么标准，是对学生评价的依据。每个学段的评价，应该根据各学阶的不同要求，学生的心理特征和年龄特点，采取不同的评价策略，全面评价学生的语文能力和语文素养。

第一学段的评价

（一）评价目标

1. 识字与写字。

（1）喜欢学习汉字，有主动识字的愿望。

（2）认识常用汉字 1600—1800 个，其中 800—1000 个会写。

（3）掌握汉字的基本笔画和常用的偏旁部首，能按笔顺规则用硬笔写字，注意间架结构。初步感受汉字的形体美。

（4）养成正确的写字姿势和良好的写字习惯，书写规范、端正、整洁。

（5）学会汉语拼音。能读准声母、韵母、声调和整体认读音节。能准确地拼读音节，正确书写声母、韵母和音节。认识大写字母，熟记《汉语拼音字母表》。

（6）能借助汉语拼音认读汉字。能用音序和部首检字法查字典，学习独立识字。

2. 阅读。

（1）喜欢阅读，感受阅读的乐趣。

（2）学习用普通话正确、流利、有感情地朗读课文。

（3）学习默读，做到不出声，不指读。

（4）借助读物中的图画阅读。

（5）结合上下文和生活实际了解课文中词句的意思，在阅读中积累词语。

（6）阅读浅近的童话、寓言、故事，向往美好的情境，关心自然和生命，对感兴趣的人物和事件有自己的感受和想法，并乐于与人交流。

（7）诵读儿歌、童谣和浅近的古诗，展开想像，获得初步的情感体验。感受语言的优美。

（8）认识课文中出现的常用标点符号；在阅读中，体会句号、问号、感叹号所表达的不同语气。

（9）积累自己喜欢的成语和格言警句；背诵优秀诗文 50 篇（段）；课外阅读量总不少于 5 万字。

（10）喜爱图书，爱护图书。

3. 写话。

（1）对写话有兴趣，写自己想说的话，写想像中的事物，写出自己对周围事物的认识和感想。

（2）在写话中乐于运用阅读和生活中学到的词语。

（3）根据表达的需要，学习使用逗号、句号、问号、感叹号。

4. 口语交际。

（1）学讲普通话，逐步养成讲普通话的习惯。

（2）能认真听别人讲话，努力了解讲话的主要内容。

（3）听故事、看音像作品，能复述大意和精彩情节。

（4）能较完整地讲述小故事，能简要讲述自己感兴趣的见闻。

（5）与别人交谈，态度自然大方，有礼貌。

（6）有表达的自信心。积极参加讨论，对感兴趣的话题发表自己的意见。

5．综合性学习。

（1）对周围事物有好奇心，能就感兴趣的内容提出问题，结合课内外阅读，共同讨论。

（2）结合语文学习，观察大自然，用口头或图文等方式表达自己的观察所得。

（3）热心参加校园、社区活动。结合活动，用口头或图文等方式表达自己的见闻和想法。

（二）评价方法

1．识字与写字。

（1）识字测查。根据课本后面要认的生字表，分成几组，把这些生字编成儿歌，或适合学生阅读的小短文，让学生根据要求选择儿歌或短文朗读。可以以小组为单位进行测查，还可以随时抽查。采取单元测查、平时测查、期中测查、期末测查等形式，并记入学生成长档案袋中。测查标准为：

A 读对 90% 以上的为优秀。

B 读对 80% 以上的为良好。

C 读对 60% 以上的为合格。

D 读对 60% 以下的为不合格。

（2）字词测查。主要评价要求会写的字，内容包括：听写生字，听写学过的常用词语，词语搭配，选词填空，在具体的语言环境中理解字词的意思。字词的测查，可以采用平时测查，单元测查和阶段测查的方法。测查的内容要活，形式要新颖，要在具体的语言环境中测查学生字词的掌握运用情况。注意能力和运用的评价，杜绝内容单一，形式呆板、僵化的测试方法。评价标准：

A 写字姿势正确，书写规范、端正、整洁，能在具体的语言环境中理解字词的意思。

B 写字姿势基本正确，书写较规范、端正，80％以上的字词在具体的语言环境中能理解。

C 写字姿势不正确，书写不规范、不整洁，在具体的语言环境中，大多数字词不会写，不理解。

（3）汉语拼音测查。测查的内容：拼读字音、拼读词语和句子，拼读短文，借助汉语拼音阅读课文和课外读物，借助汉语拼音填写汉字、认读汉字，利用音序和部首检字法查字典等。评价可以采用口试与笔试，平时与阶段相结合的方法。口试主要让学生拼读、认读。笔试则以试卷的形式，根据班级和学生的实际出题。题型各异。

另外，让学生实践操作，利用两种方法查字典。看学生查字典的速度和准确率。评价标准可自定。

2. 阅读。

（1）**朗读**。采取随堂考查、平时测查和定期抽测相结合的方法。重点测查朗读正确，不读错字，不丢字，不添字；流利，语言流畅，不读破句，不读颠倒词句；有感情，能被课文的内容所感染，凭借语感，感悟文章内容。随堂测查，由班主任进行，可根据学生的朗读情况和学习内容，指名朗读，同桌、小组互评，把成绩记入档案。平时测查，学完一组教材后，教师可根据本组内容，把学生分成若干小组，选择一些适合学生阅读的读物，以小组为单位进行测查，由小组长负责，将测查结果记入档案。定期测查，由学校或学年统一组织，把学生分成若干组，抽取朗读的内容，以小组为单位，每组选一名朗读一般或较差的同学，同组学生帮助指导其朗读，小组之间评议，得出结果。此种方法的目的不是评出等级，而是通过测查，让学生全员参与，共同提高。评价标准：

等级	评 价 标 准
A	朗读正确、流利、有感情，声音宏亮，标点停顿恰当，语速快慢适度，姿态端庄，姿势正确。
B	读得基本正确，流利、有感情、声音较大。
C	读得不够正确，有丢字、添字现象，读得不连贯，声音小

(2) **背诵优秀诗文**。背诵的内容包括背诵课文内指定的段落、内容和课外的古诗等。采取随堂和定期测查的方法，分组进行测查。课内背诵，可根据课后思考、练习的要求，指名学生背诵。课外内容的背诵，可利用语文活动时间，如，"七彩晨光"、"午说20分"等活动，进行背诵诗词的交流，谈理解或体会，要求只说出简单的内容即可。评价标准可根据本班的实际自定。

(3) **课内外阅读**。此项评价的量比较大，操作起来有一定的难度，要切实有效地做好评价。课内阅读，可以采取随堂测查和定期测查相结合的方法，根据课后的要求，结合上下文和生活实际了解课文中词句的意思，并能按课后要求回答问题。课外阅读，要达到5

万字课外阅读的量，可采用口头交流读书体会等形式进行测评。定期举行课外阅读报告会、交流会、以小组为单位，每次测评 1—2组，学生朗读或背诵自己阅读的篇目，简单地谈一谈内容的梗概即可。从而达到相互交流，共同提高之目的，共同分享课外阅读的快乐。评价标准：

等级	评 价 标 准
A	阅读一段话或一篇小短文，能基本了解内容，能按要求回答问题，能把文章的梗概内容讲给别人听。
B	阅读一般的小读物，了解大概内容，有一定的阅读能力。
C	阅读的主动性不强，没有课外读物，理解能力较差，阅读后不能了解大概内容。

3. 习作。

第一学段叫写话，是学生作文的起步阶段。写话的内容包括用词造句，看图写话，写想像中的事物，写自己对周围事物的认识和感想。可采用平时测查和阶段评价相结合的方法，用词造句一般随堂进行，根据课文的内容和课后要求，进行适当的词语训练。评价时，不要单纯地解释词语的意思。而要在具体的语句环境中理解运用词语，如选词填空，写一句或几句话用上指定的词语。写话，由于教材中安排的内容比较少，教师要利用教材中的插图和写话训练题，对学生进行评价，要先测查学生看图说话，要把图意基本说清楚，也可以让学生根据图的内容说出想像中的事物；接着测查学生写的能力，要多说少写，具体地说，概括地写，一般不写人物的对话，只要求写几句话，比较正确地使用逗号、句号、问号、感叹号。

评价标准：

等级	评价标准
A	对写话感兴趣，能写几句通顺连贯的话，标点符号使用恰当，无错别字；能写想像中的事物。
B	对写话较感兴趣，能写几句比较通顺连贯的话，标点符号使用基本恰当，错别字很少。
C	对写话不感兴趣，写话句子不通，标点使用不当，错别字较多。

4. 口语交际。

口语交际一般有命题交际和无命题交际。口语交际的评价必须在具体的情境中进行，一般采用口试。可以确定若干口语交际测试题，创设口语交际的情境，把学生分成几个小组。每组抽签选择交际内容，然后根据内容，组内先练习说，再进行测查。由于口语交际是一项听、说交际的综合训练，重点是在交际的过程中生生互动，师生互动，难点是如何交际起来。因此。评价时要看学生主动参与交际的欲望，是否能在具体的情境中交际起来；交际时用普通话，语句通顺，表达明白，愿意与人交谈，态度自然大方、有礼貌；听人说话要注意力集中，能听懂主要内容，不随便插话，有礼貌。

5. 综合性学习。

本学段的综合性学习，是学生的起步阶段，由于学生的年龄小，语文能力和认识能力有限，对学生的评价不可要求过高。评价的方法一般采用教师组织学生参与活动的形式，如人教版教材语文园地中的"我的发现"，就是很好的活动内容；也可以根据实际情况，组织学生参加校园、社区活动，在活动中进行评价。评价时，要看学生参与的积极性，对感兴趣的内容提出简单问题，并用口头或图文等方式表达自己的想法，要体现"过程就是目标"的思想。

第二学段的评价

（一）评价目标

1. 识字与写字。

（1）评价识字量。累计认识汉字 2500 个。会写 2000 个。

（2）评价识字能力。能灵活地运用工具书独立识字。

（3）评价写字能力。用硬笔熟练地书写正楷字，字写得规范、端正、整洁。能用毛笔临摹正楷字帖。

（4）评价识字兴趣。对学习汉字有浓厚的兴趣，能积极主动地利用多种媒介识字，养成主动识字的习惯。

2. 阅读。

（1）读写方式评价。用普通话正确、流利、有感情地朗读课文；初步学会默读；学习略读，粗知文章大意。

（2）阅读方法和能力评价。①能联系上下文、联系生活实际理解词句的意思；抓住关键词句理解课文内容，体会文章中表情达意方面的作用。②能对课文中不理解的地方提出质疑。初步把握文章的主要内容，体会文章表达的思想感情。③在具体的语言环境中体会句号与逗号的不同用法，了解冒号、引号的一般用法。④能复述叙事性作品的大意。

（3）阅读习惯评价。①能初步感受作品中生动的形象和优美的语言，并与他人交流自己的阅读感受。②善于积累课文中的优美词语，精彩句段，以及在课外阅读和生活中获得的语言材料。

（4）课外阅读评价。①喜欢诵读优秀诗文，注意在诵读中体验情感，领悟内容。②背诵优秀诗文 50 篇（段）。③养成读书看报的习惯，课外阅读总量不少于 40 万字。

3．习作。

（1）习作内容评价。留心观察周围的事物，写自己的见闻、感受和想像，注意表达自己觉得新奇有趣的或印象最深、最受感动的内容；能用简短的书信便条进行书面交际。

（2）习作方式评价。能不拘形式，自由表达，有创意地表达。

（3）积累运用能力评价。尝试在习作中运用自己平时积累的语言材料，特别是有新鲜感的词句，乐于书面表达，做到语句通顺。根据表达的需要，使用冒号、引号。

（4）习作习惯的评价。有强烈的习作自信心，学习写日记、勤练笔；课内习作每学年不少于 16 次；学习修改习作中有明显错误的语句。

4．口语交际。

（1）口语的评价。①能用普通话与人交谈。②能清楚明白地讲述见闻，说出自己的感受和想法。③能具体生动地讲述故事，用语言打动他人。

（2）交际的评价。①在交谈中能认真倾听，领会要点，并能就不理解的地方向人请教，就不同的意见与人商讨。②与人交谈大方、自然、自信。③听人说话能把握主要内容，并能简要转述。

5. 综合性学习。

（1）探究问题的评价。能提出学习和生活中的问题，并有目的地通过搜集资料等多种方式探究问题。

（2）解决问题的评价。在家庭生活、学校生活中，尝试运用语文知识和能力解决简单问题。

（3）观察表达的评价。能结合语文学习，观察大自然、观察社会，并能通过书面与口头相结合的方式表达自己的观察所得。

（4）语文活动的评价。能在教师的指导下，积极参与和组织有趣的语文活动，在活动中学习语文，学会合作。

（二）评价方法

1. 识字与写字。

（1）会认识的字。一般采用口试的方法，进行单元测查或期中、期末测查。根据课本要求学生认识的字，让学生指认生字表。认读词语，读句子，选择适合同年段学生阅读的课外读物，让学生朗读。最好以小组为单位，进行测查，记录档案。

（2）会写的字。要求学生必须做到四会，测查的方法可以随堂进行，结合课文的学习，考查学生独立识字的能力：阶段性测查，一般在单元、期中、期末测查。评价的内容与方式有，听写生字，看拼音写词语，说汉字的笔画、笔顺、结构、部首：给生字组词，区别形近字、同音字，在田字格中书写汉字；词语搭配，把词语句子补充完整；在具体的语言环境中选字、词填空。选择正确的解释。

（3）查字典、词典。学生到了三、四年级，有了一定的自学能力，应该测查学生独立识字的能力。评价时，可测查以下内容：①

按要求填表格查汉字，项目为大写字母、音节、部首，再查几画、在字典哪一页、组词。②查带点的字、词在具体语言环境中的意思。③查带点的字，在限定的时间内灵活运用各种查字法，查出带点字所在字典中的页码，在几个意思中选择正确的解释。

（4）课外识字。①以多种形式汇报自己的识字情况。②阅读难易适度的短文，评价学生课外识字情况。③由学生自选课外读物朗读，测查学生的识字情况。

2. 阅读。

（1）朗读。评价朗读，一般在课堂内或随堂进行。其方法有：①抽签朗读课文。②指名朗读指定的课外短文。③以组为单位，几个人自愿分角色朗读课文或课外短文及片断。

（2）精读。可以在阅读课中评价，根据课后的要求，让学生结合课文，讨论回答一些理解性的问题。也可以在单元、期中或期末时进行笔试评价，阅读短文，回答问题。

（3）默读和略读，一般随堂进行评价，默读要不读出声，在心里默默地读，能初步理解意思；略读评价要注重学生的略读方法，抓主要内容，限时略读，回答问题。

（4）背诵和复述。根据课后思考、练习的要求，评价学生背诵指定的段落或喜欢的章节；复述的评价，可以以组为单位，结合具体课文或课外读物进行，评价时要看学生是否按要求进行复述，掌握主要内容。

（5）关于古诗文。可以通过语文活动和课外阅读的形式进行评价，如，赛诗会、古诗接龙、读书交流会等。

3．习作。

（1）日常习作评价。①建立日常评价表格或评价档案，记录学生平时的小练笔情况。②每天利用 10—20 分钟时间，进行小练笔交流，展示作品，互评交流。③开辟习作园地、发表园地。④装订学生佳作。

（2）课本中习作的评价。每学期的八次习作，可根据训练要求和不同内容选择不同的评价方式。①在教师的指导下，学生自批自改。②两人互评互改或小组互评互改。教师要逐步教给批改方法，学习使用批改符号，逐步培养互批互改能力。③选有代表性的习作，全班互评互改。④教师面批。⑤教师点评。

（3）阶段性评价。根据本学段的具体要求，确定一些习作范围。分阶段对学生进行测评。①在 40 分钟内完成指定内容的习作。②布置话题，让学生在规定的课外时间内完成。③布置学生搜集相关资料，课上限时完成习作。

4．口语交际。

口语交际的评价，必须在具体的情境中进行测评。教师可根据学生的实际，确定若干口语交际话题，分组对学生进行测查。可以采用以下方法：

（1）教师、家长评价。根据交际内容，教师、家长参与到学生的口语交际中，在交际中进行评价。可以在日常的学习生活中进行评价，也可以进行阶段性的有主题、有准备的评价。

（2）学生互评。根据课文内容和课本中的口语交际话题进行口语交际，指导学生在口语交际中进行评价；在语文活动中，有目的的布置口语交际内容，创设情境让学生互评：引导学生在日常的语文学习中交流互评。

（3）师生共评。学生在口语交际的过程中，教师评价和学生评价相结合。

5. 综合性学习。

根据学生的年龄特点和语文能力，确定能够评价学生语文综合能力的主题，对学生进行评价。每学期可以组织 1—2 次评价。

（1）即时评价。可以选择适当的课文进行综合性学习，要求学生在限定的时间内完成，在学生的活动中进行评价。如，超文本阅读、续编课文的故事情节、讨论课文的有关问题、实行跨学科、合作方式学习。

（2）跨时评价。教师可以根据学生的实际情况，指导学生组织有趣的语文活动。如，学校生活、社区生活、观察自然、观察社会等。时间或一周，或一个月，在教师的指导下，确定活动主题，策划活动规划，组织实施，做好活动记录，交流活动成果。展示活动成果。要评价学生参与的积极性，参与程度，参与面，发现问题，探究、解决问题的态度，合作意识等。一定要关注活动的过程，过程是综合性学习的生命。

第三学段的评价

（一）评价目标

1. 识字与写字。

（1）有较强的独立识字能力。学生能够利用字典、词典独立识字，并能熟练准确地选择字词在字典中的意义。

（2）累计认识常用汉字 3000 个，会写 2500 个左右。

（3）书写要求。硬笔书写楷书，行款整齐，有一定的速度；能用毛笔书写楷书，在书写中体会汉字的优美。

2. 阅读。

（1）读书方式。能用普通话正确、流利、有感情地朗读课文；默读要有一定的速度，默读一般读物每分钟不少于 300 字；学习浏览，并能掌握主要内容，扩大知识面。

（2）阅读能力。①能借助词典阅读，理解词语在具体语言环境中的恰当意义，辨别词语的感情色彩；②联系上下文和生活的积累，推想课文中有关词句的意思，体会其表达效果；③在阅读中揣摩文章的表达顺序，体会作者的思想感情，初步领悟文章基本的表达方法；④阅读说明性文章，能抓住要点，了解文章的基本说明方法；⑤阅读叙事性作品，了解事件梗概，简单描述自己印象最深的场景、人物的细节；⑥在理解课文的过程中，体会顿号与逗号，分号与句号的不同用法。

（3）阅读情感体验。①阅读文章有自己的见解，说出自己的喜欢、憎恶、崇敬、向往、同情等感受。②阅读诗歌，大体把握诗意，想像描述的情境，体会诗人的情感。③阅读优秀作品，受到感染和激励，向往和追求美好的理想。

（4）课外阅读。①诵读优秀诗文，注意通过诗文的韵律、节奏等体味作品的内容和情感；②背诵优秀诗文 60 篇（段），课外阅读总量不少于 45 万字；③利用图书馆，网络等信息渠道尝试进行探究性阅读，扩大知识面，根据需要搜集信息。

3.习作。

(1)习作能力评价。①能写简单的纪实性作文和想像作文，内容具体，不说空话，感情真实，说实话，心里话，不说假话、套话；②根据需要自主拟题、自由表达，有创意地表达，我手写我口，我口说我心；③能根据习作内容和表达的需要，分段表述；④学习写读书笔记和常见应用文；⑤能根据表达需要使用常用的标点符号。

(2)习作习惯、态度的评价。①懂得写作是为了自我表达和与人交流；②养成留心观察周围事物的习惯，有意识地丰富自己的见闻，珍视个人的独特感受，积累习作素材。

(3)习作修改评价。①修改自己的作文，在教师的引导下。学习运用常见的批改方法，使用批改符号，提倡在朗读中边读边改；②互批互改，并主动与他人交流修改意见；③修改时，做到语句通顺，行款正确，书写规范、整洁。

(4)习作数量评价。①课内习作每学年16次，40分钟能完成不少于400字的习作；②坚持写课外小练笔，经常写观察日记和心得笔记。

4.口语交际。

(1)交际的态度与情感的评价。①在交际的过程中，能尊重、理解对方，诚恳有礼貌；②有较强的交际欲望，积极参与讨论，敢于发表自己的意见；③在交际中注意语言美、抵制不文明的语言。

(2)交际行为能力的评价。①听他人说话认真耐心，不随便插话，能抓住要点，并能简要转述；②表达要有条理，能把自己的意思表达清楚，语气、语调适当；③能根据交流的对象和场合，当场做简单的发言。

5. 综合性学习。

（1）参与、策划、组织能力的评价。①在教师的引导下，学习独立策划简单的校园活动和社会活动；②活动的过程有一定的实效，对所策划的主题进行讨论和分析，学写活动计划和活动总结。

（2）探究性能力的评价。为解决与学习和生活的相关问题，利用图书馆、网络等信息渠道获取资料，尝试写简单的研究报告。

（3）鉴赏、分析能力的评价。对自己身边的、大家共同关注的问题，或电视、电影中的故事和形象，组织讨论，专题演讲，学习辨别是非善恶。

（4）学习方法的评价。初步了解查找资料、运用资料的基本方法，能够筛选和处理资料信息。

（二）评价目标

1. 识字与写字。

本学段识字与写字的评价，重点评价学生独立识字的能力。一般采取随堂评价的方法，根据课文的内容，测查学生利用字典、词典独立识字情况，以小组为单位，交流识字体会，谈识字过程；定期进行写字测查，要安排听写、抄写字词，在具体的语言环境中理解字词意思；也可以在期中、期末考试中进行测查。

2. 阅读。

（1）朗读的评价。可采取口试，随堂进行测查，要正确、流利、有感情。

（2）默读和浏览的评价。可以采取随堂测查或阶段性测查的方式，可以口试或笔试。口试可以随堂进行，选择一些课外读物，限时按要求口头回答问题；默读要理解内容，有一定速度；浏览要抓住主要内容。笔试可在单元、期中、期末测试中进行。

（3）精读的评价。精读的评价是阅读评价的重点，着重评价学生具体的感受、理解、欣赏、评价的能力。主要内容有：联系上下文理解重点句子的意思，阅读要有一定的速度，阅读要有自己的见解，抓住课文的主要内容，体会文章的思想感情，领悟作文的表达方法，从文章的内容中想开去。一般可采取三种方式进行评价：第一，根据课文内容进行评价；第二，单元测查；第三，期中或期末评价，选择课外读物，限时让学生按要求回答问题。

（4）课外阅读评价。课外阅读的评价要形式多样，举行读书报告会，读书心得交流会，古诗文作品朗诵会。教师可以向学生推荐一些作品，让学生课外阅读，以小组汇报交流为主要形式，评价学生课外阅读情况。

（5）网络阅读评价。有条件的学校或班级，引导学生利用网络等多种渠道进行探究性阅读，建设班级信箱，鼓励学生相互交流信息和读书体会，教师可以采取不同的方式在交流中进行评价。

3. 习作。

（1）课本中习作的评价。一般每学期八次作文。根据每次作文的训练要求和训练重点，采取不同的评价方法。教师评价，可采用面批的方法，跟学生交流评价的看法，及时指导或点评，并分出 A、B、C、D 四个等级；学生自批自评，在教师的指导下，学生根据训练要求，评价自己的习作，要客观、公正。学生互批互改，以小组为单位，评价他人的习作，在统一要求的基础上，学生互批，其目的不在于评出等级，而是学生参与评价，在互评中学会欣赏习作，在互评中提高修改作文的能力。真正成为作文的主人。

（2）日常习作的评价。建立日常习作评价表和评价档案，每周组织一次习作交流会，以组为单位展示学生的习作成果、交流习作体会，分享快乐，养成勤于动笔，乐于与人交流的良好习惯。举办学生日记、日常习作展览会，办作文报，让学生在习作活动的过程中受到锻炼，得到提高。

（3）阶段性评价。根据本学段的评价目标，确定几个方面的内容，在一定的范围内，学生自由选择习作的内容，确立主题，按要求限时完成习作任务。

4. 口语交际。

口语交际是一项综合训练，要评价学生交际的态度、表现，评价说的能力、听的能力和交际的能力。评价应在具体的交际情境中进行，可以采取多种方式进行评价。

（1）讨论交流中评价。一般在阅读和作文课中进行，根据具体课文的不同内容和习作要求，有意识地创设口语交际情境，让学生分组讨论、合作探究、互相交流。如，阅读课当中设计的小组讨论、汇报交流，作文课中的互批互改、相互评价等。

（2）确定口语交际主题进行评价。可根据学生的实际情况，确定不同内容，不同形式的交际主题，分阶段对学生进行口语交际测查。

5. 综合性学习。

　　小学高年级学生综合性学习的评价，要重点评价学生参与活动的态度，发现问题，探究、分析问题的能力，策划、组织、实施的能力。以及搜集资料、处理信息的能力。评价的方法可以在综合性学习的过程中进行评价，每学期可以测查1、2次。教师帮助学生确定一个活动主题，可以是活动类，也可以是探究类。如，系列读书活动、系列作文活动、办作文报、社会调查，针对社会中的焦点问题，热点话题，人们关注的问题，进行调查采访等。活动的程度是，策划（写活动计划）——实地体验（调查采访）——搜集信息、整理资料——开交流会——写活动总结。评价的重点是看学生参与活动的积极性，看策划、组织能力，看发现问题，探索问题的能力，看合作的态度。一定要注意过程，不一定非得出一个什么结果，目的是让学生在活动的过程中，自主实践，亲身体验，受到锻炼，得到提高。

第二节　小学语文教学评价方法的改革及案例

教师在实施语文新课程的教学评价时，除了长期使用的测验法、观察法、调查法以外，还可以采用一些新的评价方法。

一、情境性评价

情境性评价是在学生语文学习的真实情境中进行的质性评价。传统教学中我们也在随时进行着情境性评价，但那样的评价往往缺乏先进的教育理念作指导，是随意性的非专业化的，达不到促进学生充分发展的目的。新课程要求的情境性评价要充分注重评价的激励性，既要鼓励和保护学生已有的主动性、积极性，还要激发其进一步思考、探索、表现等。

这种评价的真实情境，可以是在语文教学课堂，也可以是在家庭学习，还可以是在课外学习的任何情境。这种评价的主体，可以是教师，可以是家长，可以是其他同学，也可以是学生本人。这种评价的具体形式可以是激励性评语，可以是动作（包括鼓掌、神态、表情），可以是实物，可以是象征性物品（如小红花、五角星），还可以是符号；既可用传统媒体，也可用现代信息技术媒体。这种评价的对象，可以是学生个体，还可以是学生群体。

情境性评价具有以下几个特点，结合这些特点，也可以掌握这种评价技术的运用。

1. 评价的问题性。

学生的语文学习，很多都是在"提出问题——分析问题——寻找解决问题的方法——解决问题"的问题情境中进行，在问题情境进程的四个阶段，都可以采用情境性评价。比如，当学生在阅读课文时，发现了一个有价值的问题，分析这个问题的思路正确或者有创见，找到了解决这个问题的恰当方法，通过自己的思考解决了问题，自己得到了问题的答案，都可以使用情境性评价。

2. 评价的即时性。

学生语文学习过程的每个具体环节，如学生的朗读、提问、答问、活动等，都可以用情境性评价进行在真实情境中的即时评价。这种即时评价更具有针对性（针对学生个别差异、针对学生学习成果等），更具有实效性（能及时调控、组织、指导学生学习）。因此，情境性评价具有其它延时评价（如综合评价、阶段评价）所没有的优势。

3. 评价的灵活性。

情境性评价可以在学生语文学习的任何情境使用，可以在学生语文学习过程的任何环节使用，可以由任何人使用，可以用任何形式来表现，可以对任何学生使用。这种评价技术的灵活性，是其他评价技术所不能比拟的。

4. 评价的激励性。

因为情境性评价是在真实情境中进行的，所以其作用，一是可以对学生个体学习和发展力进行深度的激励和开发，既鼓励和保护学生已有的主动性、积极性，使学生能长时间地保持学习热情，并进而形成荣誉感；二是对学生群体互助合作具有较大的激励作用。

专业化的话语评价是日常教学中用得最多的，随着现代教育技术的推广应用，一些传统的情境性评价形式可以改造得更直观、形象、生动。有位教师在课件上制作出学生个人或小组表现状况递升的"能量柱"，根据教学进程，对表现好的个人或小组，给相应的"能量柱"加注，使"能量柱"上升，这样的动态显现，有效地激起学生热爱学习、积极参与、勇于竞争的热情，增强了成功感、自信感。情境性评价中，评价的主体与方式是多元的。除了教师评价学生，学生评价学生，还可以师生互评。

[案例1]

"亲吻"的魅力

在一次做搭配词语的练习中，学生填空"＿＿＿＿＿的星星"，有的学生填"美丽、漂亮、可爱、小小"；有的学生填"一闪一闪、发光、神秘、遥远"；有的学生填"黄色、五彩斑斓……"。正当我惊叹于学生词汇丰富时，班上一名学生举手站起来说："快乐的星星"，"快乐"这一与众不同且赋予星星灵性的词，着实让我内心充满惊喜，我不由自主跑下讲台，拍着他的头并给了他一个响响的吻。对男孩的特殊评价产生了特殊的结果，其他学生纷纷举手，试图说出更别致的修饰词和"星星"搭配，于是，学生的想象使"幸福的星星、伤心的星星、调皮的星星……"诞生了。那位学生呢，脸上洋溢着幸福的微笑。原来上课如此美妙！在他人评价中。评价者真情的评价更能使评价者感受到评价的魅力，同时，在一定意义上启迪着被评价者的心智。

[案例2]

"语言"的魅力

"这位同学的发言非常好。我在备课时也没有考虑到这一点，这位同学帮助了我，谢谢他！"

——教师要关注主体的成功体验，善于发现不平凡而有价值的问题或意见，给予坦诚、真切的鼓励，发挥教学"促进者"的作用。

这是支玉恒老师在一节公开课上对学生发言的评价。教育是一门艺术，之所以称之为艺术，就在于它能鼓励受教育者，它能唤醒他们的智慧。支老师热情洋溢的话告诉学生，你成功了，你的成功超过了老师！每个人都希望成功，每个人都需要成功，何况是求知的孩子。还有什么比强烈的成功感更能激起孩子对学习的兴趣呢？学习上的某一点成功给学生带来愉悦，使学生对学习有了强烈的兴趣，他会觉得学习是一件快乐的事，对自己充满信心。

"请停一下，我发现一位同学正在做一件事，读第二遍的时候，他拿起笔来，把这五种事物的名字都绘画下来了。"

——教师要注意榜样效应，在教学中把握好个体学生和群体学生两者间的关系，充分发挥学习主体的积极性。

这是教师在学生学习过程中的随机评价。表面看是中断了学生的学习进程，实际上却是用心良苦。老师从整个班级里面"捕捉"出了这么一个"典型"，接着以一种非常珍视的态度，特别提醒全班同学注意。能得到老师如此的重视。那位学生该有多么自豪！语文教学要重视学习方法的指导，但这种指导不是老师灌输的。而是来源于同班同学的"尝试"和"发现"，其他学生会觉得这种"典型经验"亲切可爱。

二、档案袋评价

档案袋（又可叫成长记录袋）评价是指学生按照一定的要求将

反映学习过程和结果的各种资料进行汇集，以档案袋的方式参与评比的评价。档案袋与成长记录的区别在于：成长记录需要记录，时间先后顺序明显，侧重点是自省、反思性评价；档案袋不一定需要记录，不显示时间先后顺序，侧重点是代表性学习结果的汇集和展示。

档案袋可分为：一是学科学习专题性的，如拼音教学基本完成后，教师可针对性地设计"我能用拼音写几句话了"，检验学生的拼音掌握情况；根据识字、阅读的目标，设计"我真棒，我识的字真多"，让学生将一段时间从课堂到课外认识的字写下来或剪贴。二是学科学习阶段性的评价，如一学期语文学习状况怎样，把最能反映学习经历和成绩的各种资料收集存放在一起，如课堂学习笔记、读书笔记、日记、优秀作文、发表作品、获奖证书、考试试卷、成绩通知单等。三是学生发展综合性的，包括各学科学习和素质发展各方面最能反映其成绩的资料收集。

有的教师从孩子一入学就为每个学生建立了学习档案袋，在实施过程中不断创新、丰富档案袋内容。一开始收入的内容有：学生个人档案，学生家庭情况调查表，关于孩子的家庭学习、生活情况问卷，家、校联系卡，学生学习习惯、行为习惯问卷，学生学校生活问卷表等。随着学习生活的展开，收入的内容增加了：作业（作品）样本，轶事记录卡，识字收集本，学生自选的最满意的试卷，背诵古诗记载表，阅读记录卡，奖励卡，喜报，等等。学期末，家长们通过档案袋清楚地看到了自己孩子的成长足迹，并根据自己的标准给自己孩子的作品打上等级。学生们观看了自己的、同学的作品，找到了榜样，明确了目标。

学生学习档案袋因其使用目的、提交对象以及对学生帮助的不同，可以划分不同类型。对档案袋评定的分类。从不同的角度入手可以有不同的分类方法。有的人以档案袋的不同功能为标准，把档案袋划分为理想型、展示型、文件型、评价型以及课堂型，其中最有代表性的是理想型。

档案袋评价的类型

类型	构 成	目 的
理想	作品产生和入选说明，系列作品，以及代表学生分析和评价自己作品能力的反思。	提高学习质量，这一段时间的成长，帮助学习者成为自己学习历程的思考者和非正式的评价者。
展示	主要由学生选择出来的最好和最喜欢的作品集。自我反思与自我选择比标准化更重要。	给家长和其他人参加展览会提供学习作品的范本。
文件	根据一引起学生的反映以及教师的评价、观察、考查、轶事、成绩测验等而得出的学生进步的系统性、持续记录。	以学生的作品、量化和质性评价的方式，提供的一种系统的记录。
评价	主要由教师、管理者、学生所建立的学生作品集。评价的标准是预定的。	向家长和管理者提供学生在作品方面所取得成绩的标准报告。
课堂	(1) 依据课程目标描述所有学生取得的成绩的总结；(2) 教师的详细说明和每一个学生的观察；(3) 教师的年度课程和教学计划及修订说明。	在一定情境中与家长、管理者及他人，交流教师对学生成绩的判断。

档案袋评价的特点及应用要求是：

1. **评价的历时性。**档案袋是学生在一段时间（一学期或一学年）

语文学习过程及学习结果的代表性资料汇集，它不是即时性的，是经过一段时间积累的，档案袋中所收集的资料，是学生对自己，或是教师对学生的历时性评价。

2. **评价的实证性。**档案袋所收集的代表性资料是学生语文学习及发展的真实反映，是学生对自己，教师和家长对学生进行评价的实证评价。

3. **评价的展示性。**资料是学生语文学习过程和结果的真实展示。

4. **评价的综合性。**资料是对学生语文学习过程和结果的综合展示。

档案袋评价的操作步骤一般是：首先向学生（含家长）说明建档意图和主题，激发学生参与的积极性；教给学生建档的方法，特别是怎样收集资料，同时可给予学生统一的袋子，引导他们进行各具特色、富有个性的袋子名称、封面和首页（相当于一本书的扉页和目录）设计，提示学生无论这开头的设计还是以后内存材料的整理，都要力求图文并茂、生动活泼、富有趣味。经历一定时间，可进行档案袋展示与评价，评价以学生自评为基础，学生互评、家长评、老师评为辅；可以"优、良、一般"等级评价为主，以语言评述为辅；可举行专题或综合的展演；可以配乐朗读；可以配插图、文字、说明；可以自行设计广告词宣传，自当解说员；也可以现场采访辩论；还可以邀请家长参观、参评。

[案例]

小学语文学科学生成长档案袋内容选介

●小学低年级学生语文学习质量评价表（情感部分）

姓名：＿＿＿＿＿＿＿＿ 班级：＿＿＿＿＿＿＿＿

项　　目	上学期			下学期		
	方式			方式		
	自评	同学评	老师评	自评	同学评	老师评
1. 认识到生活处处有语文						
2. 愿意学语文						
3. 专心听课，克服学习中的困难						
4. 积极发言，主动参与						
5. 在合作学习中愿意与同伴交流						
6. 按时独立完成作业并自我检查						
7. 运用所学知识解决生活中的问题						

说明："＋"表示能；"√"表示基本能；"0"表示不能。

●课外阅读积累卡

阅读时间	书名及作者	主要内容	自评	同学评	师评

三、成长记录评价

成长记录，又叫成长手册，是在一定时间内（一周、一月、一学期或一学年），记载学生学习过程和结果的文字或文字加其他辅助表现形式。成长记录有两种类型：一种是学校或教师统一设计印刷的，如《小学生手册》，它的优点是便于统一管理，缺点是缺少个性化，形式单一，内容简略，不利于体现学生自主性和创造性。另一种是学生自主设计的，虽然不便于统一印刷，但如果教师组织引导得当，最能体现学生自主性和创造性，学生可以使形式多样化，内容丰富多彩，也能充分展示学生个性。

成长记录的侧重点是学生日常语文学习过程中关于学习的文字或其他形式的记载。这种记载可以用统一格式印制成记录本．也可以用笔记本或作业本，还可以用卡片汇集。比如，有的老师让学生建立一个成长记录本或学习反思本，采用每周一记的方式。记录的内容主要有：

本周个人大事记：..

优秀作品（作业）录入：..

学习反思：..

同时，还采用单项学习活动作品汇集并在班级"公开发表"的方式，让学生为自己的成长作记录，通过展示、评比，同学之间相互影响、促进。

新课程强调教师不要只关注学生的学科学习，应着眼于学生的整个生命发展，因而评价特别是班主任对学生的评价要着眼于综合。教学实践中，有的老师从一年级起实行的"每周成长记录"便是着眼于学生的整个发展的评价。其做法是，在每周结束后．家长和孩子共同做一周成长记录。先由家长执笔，家长和孩子共同回忆学生一周来在家里、学校，在学习、生活方面所取得的成绩、进步，找出不足，提出下一周的努力方向；然后由学生执笔，家长和学生一同回忆的方式进行；逐步实现学生自动地做每周成长记录。班上每周进行学生成长记录展示，共同评出记录认真奖、表现突出奖。在"评价"一栏，家长可酌情给孩子评★，最多不超过五颗★。

有的老师还发明了"轶事记录卡"（卡片可以自己设计），随时根据学生的表现，特别是那些有创造性的表现，或者由老师或者由学生（中高年级一定要把这些工作交给学生来做）记录下来，交给家长看后，再装入学生的成长记录袋。

成长记录评价的特点及应用要求是：

1. **评价的历时性。** 成长记录是学生在一段时间内语文学习过程和结果的记载，在这段特定时间内的关于语文学习的变化都反映出来，这种有一定时间跨度的成长记录就体现了评价的历时，与即时性评价区别开来。

2. **评价的自主性。** 虽然成长记录可以在同学交流时他评，在教师查阅时师评，也可由家长评，但成长记录更侧重于学生对自己语文学习的得失进行自省和反思，记载语文学习得失的资料同时就是学生自评的结论，这就使成长记录具有了浓厚的学生自主自评的色彩。

3. **评价的实证性。** 成长记录一方面常常是学生语文学习情境的真实反映，并且真实反映了学生语文学习的得失及变化，真实反映了学生自评的结果，因而这种评价具有实证性。另一方面，这种本身就具备实证性的资料，可以用作班集体、教师、家长对学生的语文学习进行发展性评价的实证资料。

4. **评价的综合性。** 成长记录由于综合反映学生在一段时间内的学习过程和结果，特别是能综合反映学生经历学习后的发展变化，因此是一种综合性评价。

成长记录的方式还可以是录音、录像、电脑等方式。一天又一天，一月又一月，一年又一年，孩子们通过这些方式看到了自己的小组或全班的成长，体验到了成长的快乐。

四、激励性评语

传统的学习评语和成绩鉴定，显得公式化、结语化，冷峻、刻板、枯燥，缺乏人情味和个性色彩。与新理念相吻合的评语，应该凸现激励性、针对性、灵活性，是一种肯定式、个性化的评价。

激励性评语是对学生语文学习的某一特定过程或某一特定结果，以正确鼓励的话语来评价学生。评价对象可以是学生个体。也可以是学生群体。这种评价的主体，可以是教师，可以是家长，可以是其他同学，也可以是学生自己。这种评价的表现方式，可以是口头的，也可以是书面的；可以当面直接说或写，也可以间接地打电话、写信、发电子邮件等。这种评价，可以针对学生的某种学习行为（或表现），可以针对学生的某种作业或作品，也可以针对学生的成长记录或档案袋。

有的学校已将成绩通知书改变为"贺卡"形式，精美地印制，上有学生喜欢的色彩与图画，对于学习成绩是一种着眼于素质教育的等级评价，而重点部分是"教师寄语"即激励性评语。这样的"贺卡"发到学生及家长手上的时候，孩子和家长们是多么喜欢，争相传阅，没有打击和失败的气馁，只有催人奋进的鼓舞和动力。激励性评语应用在作业批改中，如一位教师用"优"（或加上十或一）表示正确，五星（三个或五个为最好）表示书写好坏，笑脸图画表示"你满意、我满意",并配以激励的评语,激发学生不断进步。

激励性评语具有以下特点,这些特点同时也是掌握运用这种评价技术的要求。

1. **评价的激励性。**激励性评语的基本功能就是保护和激发学生语文学习和发展的动力(如主动性、积极性、热情等),评语语气不管是判断还是描述,必须采用肯定式,即使是问题、缺点都要转换成肯定的表达方式。在激励性评语中,不容许使用有伤害学生自尊心和积极性的措词和语气。这样,激励性评语就成了语文课程评价中最能体现教师对学生、家长对学生、学生对学生进行人文关怀的评价技术。

2. **评价的针对性。**激励性评语,可以就事论事,针对学生语文学习的具体行为、具体作品,也可以概括地针对学生某个阶段,或者某个方面语文学习和发展的倾向性表现。激励性评语的最大优点,就是可以针对学生语文学习和发展的个性的特征,防止评价时千人一面、千篇一律的不良倾向。

3. **评价的灵活性。**激励性评语因其评价主体多样,评价针对的人、事、物多样,而具有灵活性。特别是激励性评语可以在评价即时性的真实情境中采用,也反映这种评价具有灵活性。

请看几个激励性评语运用的例子。下面这个案例是老师组织学生互评:

"快期末了,今天的语文课上我们在小组内进行互相评价,大家把每个同学在这学期语文学习中的优点说出来。"教师刚把要求说完,各小组就围在一起讨论开了。教师来到第一小组,他们正在评价向宇同学。他是班级中一个成绩不太好的同学,但平时学习比较认真，教师真怕同学们因为他的成绩不好对他做出不公的评价，没想到……

甲：你虽然记性不太好，常常把学过的知识忘记，但你从来也不气馁，一次又一次地反复记忆、背诵。

乙：你每次都按时把作业交了。

甲：对，在交作业方面从不拖拖拉拉的。

丙：每次我们小组讨论，你还给我们出不少好主意呢！

丁：就是就是，那次我们因为一个问题争吵还是你帮忙解决的，真不错。

看来老师的担心是多余的，同学们的眼睛是雪亮的，孩子的心是纯洁的。教师看到向宇在同学们的掌声中，眼中充满了信心，相信他以后会更加努力。

下面是一位老师用激励的评语评价学生的例子：

老师在一个学生的评语中写道："老师欣慰，有一名得力助手；同学们高兴，有一位工作认真负责，乐于助人，从不斤斤计较的好干部。还记得'落花生'的品质吗？默默地用自己的双手创造清洁的环境，美化他人的生活。你关心同学，在同学需要的时候，你会主动去帮助，你真是雪中送炭呀！同学们都很佩服你。你是个急性子，写字快，说话快，作为老师，作为你的大朋友，我要告诉你，做事不但要讲效率，更要求质量，要悠着点，把字写漂亮些，写出工整的作业好吗？并附赠一副对联："乐于助人，热爱劳动有待发扬；严于律己，努力学习尚需加强。"

孩子的爸爸、妈妈看后非常高兴，把孩子的评语拿到单位传阅，竟收到了意想不到的效果。家长表示今后要更加支持学校和老师的工作。孩子也反复阅读，深受鼓励。

在一个女生的评语中这位老师是这样写的："你的进步是大家有目共睹的，同学们为聆听到你的发言感到非常高兴。作文书中也留下你闪光的名字。教室里总有你默默看书的身影，作业认真。这都证明你有强烈的自尊心，积极要求上进，不甘落后。你的点滴进步都表现出你的实力。相信自己吧！抬起头。别自卑，勇敢地锻炼自己的能力，上课发言声音再大些，好吗？别怕，老师会帮助你。我相信经过努力，你一定会成为一个很不错的学生，让日夜为你操劳的父母感到欣慰，并附赠一副对联："勇于发言，积极取人之长；勤于思考，努力克己之短。""

当老师把评语读给她听时，她显露出激动的神色，脸红了，眼眶湿润了……她深深体会到老师慈母般的关爱。她手捧注满爱的评语，欢欣鼓舞。每一句中肯的评价，每一句殷切的期待，无不对她的成长起到激励的作用。

五、综合性全程评价

小学语文教学包括认知领域和非认知领域两方面，教师对学生的评价应该从有利于提高学生语文素养的目的出发，既要重视学生基本知识点的认知能力测评，也不可忽视非认知领域的评价。

非认知领域主要包括学习态度、习惯、兴趣等，这些因素是学生进行语文学习的动力性因素，也是小学语文教学评价的重要内容。传统的评价体系往往偏重前者而忽略后者，重学科知识系统、轻语文综合能力；重智力素质、轻态度习惯，评价存在着明显的片面性。评价内容的片面性严重影响到学生可持续发展素质的培养。

新课程标准下。有的学校将小学语文学科学生学业评价分为三部分：

1. **小学生日常形成性评价。**这主要是对学生语文学习的态度、情感、习惯以及量化的基础知识的评价。采用的评价方法有四：①通过建立"课堂观察检核表"，关注学生知识、技能掌握的情况及其他方面（比如，是否自信、是否善于与人合作）。②通过建立"成长档案袋"，记录学生语文学习的进步历程，以增强他们学好语文的信心（档案内容包括：综合性成长记录；主题性成长档案）。③建立"五卡"，即：写字卡、朗读卡、积累卡、阅读卡、表达卡。通过生字本、写字本、作文本、读书笔记、日记、手抄报等形式，分别考察学生平日的写字、朗读、古诗诵读、课外阅读、习作等情况。④按教学进度出单元测查卷。一方面重视测查内容的基础性，强调基础知识的扎实掌握；另一方面，突出单项检测力度，可以就学生的朗读、背诵、口语交际、书写以及语文实践活动等进行分项测查。目的是引导学生及时反思自己的学习情况，充分发挥评价的导向和质量监控的作用。

[案例]

下面是一年级上学期教师设计的单元学习评价单，让学生独立自检或师生合作检测，做出评价。

(1) 本单元的字会认——个。（选项打"√"）

A. 10～19 个得★（　　　）　　　B. 19 个得★★（　　　）

C. 19 个以上得★★★（　　　）

(2) "一二三十"会写了吗？

A. 基本会得★（　　　）　　　B. 写得好得★★（　　　）

C. 写得很好得★★★（　　　）

(3) 会读《数字歌》吗？

    A. 基本会得★（   ）   B. 读得好得★★（   ）

    C. 会背诵得★★★（   ）

(4) 会背《山村》吗？

    A. 基本会背得★（   ）   B. 完全会背得★★（   ）

    C. 会背还能讲诗的大意得★★★（   ）

(5) 会讲故事《太多了》了吗？

    A. 基本会讲得★（   ）   B. 讲得完整、通顺得★★（   ）

    C. 讲得生动有趣得★★★（   ）

你一共得了_____个★。

孩子自评：我真棒！（   ）我挺满意！（   ）加油呀！（   ）

家长评价：好样的！（   ）学得不错！（   ）再努力呀！（   ）

教师评价：_____。

    2. 小学生阶段性测查评价。这主要是对学生语文基础知识与能力以及由此表现出来的语文学习方法、情感、态度和价值观的评价。对学生而言，阶段测查具有反馈调节功能和记录成长的功能，对于教师来说，它还具有反思总结功能和积极导向功能。总之，评价的目的在于提供信息，不仅仅是检查学生掌握知识的程度，更重要的是帮助学生分析出错的原因，提出矫正的建议。

    以下介绍的案例是一所小学有关阶段性评价的具体做法。

    (1) 让学生收集、整理"书面素质"展示材料。内容有必展内容：课本、课堂练习本、故事、课文诵读档案、生字本、作文本、日记本、手抄报、单元测试卷等；创新内容：读书笔记、优秀作文、活动成果以及其他自选内容。这些书面学习成果的评价，一学期一次，一般在学期末进行，原则是全员参与、全面展示。具体操作办法是：全班集体方面，先由学习小组按要求进行自我和生生之间互相分等级（甲、乙、丙三个等级）评价，教师根据这一结果将同等级的同类资料放在一起，然后由学校根据年级、班级资料类别的不同进行分区摆放，并采取抽检的方法，分别从同类资料三个等级中抽出一定的样本进行分析评价，以了解整个班级的各方面情况。学生个体方面，除了学生的自我评价和生生之间的互相评价，还请教师、家长以及有关人员参与评价。评价主体的多元化使得评价结果合理、全面而客观。

(2) **"非书面素质"展示。**内容有：必展内容，如口语、听记、朗读、阅读、演讲、辩论等；创新内容自选。非书面学习成果评价采用口试和考查相结合的方法，一般一个月左右进行一次。全班集体方面，各班语文教师先把全班学生按听记、口语交际、阅读积累和朗读能力情况由好到差依次编号（此编号对学生保密），然后由学校据此进行随机抽样，各班都按同一方式抽取 1/5 的学生参加口试或考查。评价者一般为全体语文教师，以年级组为单位轮流测试。为保证测试结果的公正、客观，同一个教师要测试同年级样本中所有同一等级的学生。各班参加抽样测试学生的平均成绩代表本班成绩。学生个体方面，则采用同桌互评、小组评议及教师评价相结合的方式，其中同桌互评、小组评议一般先由教师提供并讲解评价标准，而后同桌或小组进行评议，最后按等级得出评价结果。

3. **小学生语文综合性学习评价。**这主要是对学生自主、合作、探究及创新精神、实践能力的评价。小学语文综合性学习评价应以"实践性、综合性、操作性"为评价的基本原则，通过"自我评价、相互评价、作品评价"的形式，从"问题学习评价、活动学习评价、观察学习评价、资料学习评价、研究学习评价、策划学习评价、展示学习评价、反思学习评价"八个方面对学生的综合性学习进行有效评价，从而培养学生语文学习的好奇心理。在此过程中，提倡学科交叉，实际运用，发展素质。具体做法如下：

(1) **考试内容的全面性**。我们的命题全面考察学生的语文综合素养，既重视考察学生对基础知识的掌握情况，又重视考察学生分析问题、解决问题的能力，促进学生语文能力的不断完善。例如期末测试题，低年级安排 3 到 4 篇阅读文章，中年级安排 4 到 5 篇文章。高年级安排 5 到 6 篇文章。这些文章三分之一是课内的文章。三分之二是课外内容，让学生明确考试不一定是考学过的内容。而是全面考察语文能力和语文素养。基础知识的测试通过阅读文章体现，所占的比例很小（目的为弥补学生的记忆生疏现象），考察语文能力、语文素养和创新意识方面的内容则占较大比例。例如二年级试题的第三篇文章《冬爷爷的图画》，当学生读完短文以后，首先要回答理解方面的题目"他的画是怎样画成的呢？"然后是测试基本技能方面的题目"写俊字"，最后是测试扩展和想像能力方面的题目："想一想，冬爷爷还画了些什么呢？你可以用文字或图画表示出来吗？"体现了对学生语文综合素养的考核。

(2) **考试方式的多样性**。尽量采用形式多样的考试方法，使学生在考试中有独立思考和实践操作的机会，让他们用自己擅长的表现方式把自己的学习体验与认知过程呈现出来，使终结性考试既是一次测试，同时也是一次学习的过程。试题的版面设计采用图文结合的形式，像"阅读报"似的出现在学生的面前。各年级的试卷以"聪明娃"、

"雪孩子"、"大观园"、"芳草地"等为题，以带有对话形式的激励语走近学生，与学生进行交流。如"冬天到了。小雪花欢快地从空中飘落，快来呀！快来呀！用你的知识，与我一同堆起一个漂亮的雪娃娃！""你真聪明，雪娃娃正在向你微笑！加油呀！"另外。在考试内容中设计了写一写、画一画、猜一猜、想一想、涂一涂等多种游艺形式，便学生在轻松、愉悦、没有压力的心态下完成测试内容。

（3）**考试过程的自主性和互动性。**强调评价过程中的主体和主体间的双向沟通与交流，关注学生对评价结果的认同，使其最大限度地接受评价结构。比如，速读方面的试题："请你看着钟表读文章，读完后把时间记下来，填在表格里。"体现了学生的自主性。另一方面，在教师的充分信任下，对学生的品德修养也是一种考察。写话和习作方面的试题，"祝贺你终于战胜了困难，完成了任务，你想对老师说点什么吗？"强调师生间的相互沟通与交流。还有让学生回顾一学期来自己的学习生活，在叙说中提高自我反思能力。如，一次期末考试开放题为：第一题，"诵读大展台"要求学生围绕一个专题进行阅读收集整理活动，然后制成五彩缤纷的"诵读小报"，学生展示出来的专题有"灿烂星空""成语大观园""诗词宝库""名人传说"等。在命题时，还写清了学生活动要求，办报的规格，评分细则等。第二题，"调查小天地"，要求学生调查了解家乡的小吃，然后写一篇"小调查报告"（即一篇小作文）。考试的时限，由教师与学生商量而定。整个考试的内容、方式、时间及完成的作品都具有开放、自由的特征。

（4）**考试形式的趣味性和激励性。**一位老师在"实验随想"中说："当我拿到新颖的期末考试试卷，顿时耳目一新，'语文阅读大观园’这分明是一张阅读报。从学生的表情中不难看出，他们既兴奋又惊奇，活泼的版面、新奇的构思，确实让人为之心动。”“勇敢、聪明、真棒”等激励性的提示语似一个个加油站，使学生不甘落后，力争上游。还有活泼的版面设计，更让人感觉到生活处处皆语文。一个多小时的测试，学生不慌不忙同时又兴趣盎然，像在细细品味几个故事，又像在同新朋故友交谈，轻松自如地把自己的语文水平真实地发挥出来了，轻轻松松完成了期末考试。

　　综上所述，综合性全程评价即指“日常性评价”、“阶段性评价”和“终结性评价”的有机结合。日常形成性评价、阶段性测查评价、终结性学习评价三者之间的内容是相互渗透，相互联系的，只有在具体的评价实践中贯彻形成性评价与终结性评价相结合的原则，才能对学生语文学习有一个全面的评价，促进学生语文素养的不断提高。

第三节　小学语文教学评价工具改革及案例

　　对学生语文学习进行考评工具的改革，应该从以下三个方面考虑：一是促进学生的学习，有利于学生发展；二是调节教师的教学，有利于学生的学习；三是及时向家长提供学生的学习情况，有利于沟通。对学生语文学习的评价应注意多种评价形式相结合。评价的方法一要做到全程评价，二要做到全面评价。

一、非测试性评价

　　非测试性评价，是指日常学习习惯、学习行为等项目的评价。日常评价的重点是了解学生的学习态度、学习方法、学习习惯、思维品质等。可以采用课堂观察、建立成长记录袋的方式进行。

　　1. 课堂观察

　　班级＿＿＿＿＿＿　　　学生姓名＿＿＿＿＿＿

观察项目	等级（A、B、C）	说明
学习习惯 认真听讲　完成作业　参与讨论		A认真　B一般 C不认真
学习态度 积极发言　提出问题　询问交流		A积极　B一般 C不积极
学习品质 有自信心　能独立思考　解决问题		A经常　B一般 C很少
合作学习 尊重学习伙伴　积极表达自己想法		A能够　B一般 C很少
总评：		

　　课堂观察，教师不仅要关注学生在知识与技能方面的掌握情况，而且应关注学生的其他方面。当学生回答问题或进行练习时，教师通过观察，便能及时地了解学生学习情况，从而做出积极反馈，给予正确的鼓励和强化，错误的给予指导和纠正。

　　2. 小组合作学习观察

　　"合作学习，共同发展"是课改大力提倡的学风。在容量大的教学班实行小组管理较为方便：每组三至四人，可设辅导组长和督查组长，辅导组长负责合作学习、排疑解难、探究学习等活动，督查组长负责学习成果的验收及成长园地的管理工作。课堂上实行"我在小组中成长"的评价方案：每组设计一块成长园地，建议设计表格，便于显示成长轨迹。样表：

小组合作学习评价

　　课题：《　　　　》　　第（　　　）组

姓名	第一次	第二次	第三次	第四次	第五次

我学会了

课题:《　　　》　　　（第一课时）　　　姓名:＿＿＿＿＿＿

朗读	正确、流利　　（　　）		
	比较正确、流利　　　（　　）		
字词	我学会了（　　）个生字。		
	我认读了（　　）个词语。		
我知道课文写了（　　　　）			
	☺	我很棒　　（　　）	
	☆	我还行　　（　　）	
	♡	我还要努力　　（　　）	

我在进步

课题:《　　》　　　（第二课时）　　　姓名:＿＿＿＿＿＿

朗读	正确、流利、有感情　　（　　）		
	比较正确、流利、有感情　　（　　）		
	我还要继续努力　　（　　）		
背诵	我能正确背诵　　（　　）		
第（　）自然段	我基本会背诵　　（　　）		
我学会了（　　　　）			
	☺	我很棒　　（　　）	
	☆	我还行　　（　　）	
	♡	我还要努力　　（　　）	

我在小组中成长

成员	成长园地				成 果	
姓名	课堂参与	阅读习惯	表达习惯	学习方法	▷	🍎

　　此表可以观察到学生在课堂教学中行为习惯、学习态度、情感体验及学习过程的动态轨迹。它要求评价者看到每一个学生的潜力，时时用期待、动态、发展、积极、鼓励的目光注视每一个学生，从而产生最直接的效应。得奖条件如下：（1）凡在课堂上或小组活动中积极参与又有贡献者，可得"参与星"；（2）凡在语文阅读中有良好的习惯及效果者，可得"阅读星"；（3）凡在口语或书面表达上有良好习惯、情感投入者，可得"表达星"；（4）凡能进行自主学习且有明显效果的，可得"学习星"。另外，做得不够优秀，但有较明显进步的，在该项中也可得星。以上都以课堂效果为主。由督查组长负责。这样，每个成员若得够 4 颗星，便可在成果栏中插一面小红旗。若 4 个成员都插上了小红旗，那么本组就可摘到一个大苹果，这便是"我成长，同进步"之果。对以上情况一周一汇总，各小组做好书面总结。班会上表扬先进，鼓励后进。这样能调动每个人的积极性，还加强了合作学习，增进了团结，利于共同进步。

　　3. 成长记录袋

　　成长记录袋中收录的是反映学生进步的重要资料，可包括下面的内容。

记录袋中收录的内容	收录时间
最满意的作业	
最满意的一篇作文	
学习中与众不同的理解与认识	
印象最深的学习体验	
最喜欢的一本书	
探究性活动的记录	
同学对自己的评价	
老师对自己的评价	
自己对自己的评价	
学校立交桥	

成长记录袋的内容要分阶段整理，并要定期进行更新。可按学期初、学期中、学期末三段进行操作。

时　间	成长袋中收录的内容
学期开始	
学期中	
学期结束	

成长记录袋的材料要真实，通过这些积累起来的材料，使学生感受到自己不断成长与进步。成长记录袋的材料应该让学生自主选择，并与老师共同确定。

4. 作业自我评估表

评估项目	☆☆☆	☆☆	☆
作业完成情况	独立完成	别人帮助完成	未能全部完成
书写情况	认真	一般	潦草
完成作业时间	能提前完成	基本上完成	未能按时完成
对布置的作业	有兴趣	无所谓	不喜欢
我的评价语			

对作业的自我评估，可根据作业的内容灵活设计。比如展示性的作业、操作性的作业、体验性的作业等。可设计展示效果、操作过程、心里感受等评估项目。

5. 阅读习惯调查表（一）

	调 查 内 容	是否
选	经常选择比较容易读懂的书	
	喜欢选择不同类型的书	
书	喜欢读别人推荐的好书	
读	喜欢一个人安安静静的读书	
	喜欢和伙伴们一起读书	
书	通常都能理解读过的书	
读	知道怎样从书中找问题的答案	
	读过的书能做一些记录、摘抄，写一点体会	
后	喜欢和别人谈论读过的有意思的书	

6. 阅读习惯调查表（二）

调查项目	采用的学习方法			
遇到不认识的字	查字典	问别人	猜着读	不理睬
读书的方法	细读	浏览	选择读	反复读
不懂的地方	仔细读	问别人	查资料	跳过去

7. 阅读习惯调查表（三）

调查项目	调查结果
学过的课文，回家后是否还喜欢读	
每天是否有阅读课外书的习惯	
每天的阅读量大约是多少字	
本学期读过哪些书	

8. 学生学习月评价表

为了更好的加强平时的分项考核，进行综合评定，减轻学生学期末的学习压力与心理压力，在平时学生学习评价卡的基础上，又设立了学生学习的月评价表，月评价表具体包括以下内容：

内　　容	评　价　方　法
掌握汉字	1. 评价平时默写。2. 认读生字情况。 3. 记录平时默错的字词。
语言表达	1. 口语交际课上口语交际情况。2. 本月朗诵会、演讲会、讲成语典故等表达情况的评价。
文章诵读	1. 根据课上朗读目标完成情况综合评价。 2. 背诵诗文情况。
小组学习	本月课上小组合作学习方式、效果的评价。
作业书写	学生本月作业完成质量。
课上听课	评价卡中对课上质疑、答题、汇报的记载综合评价。

学习兴趣	完成本月语文实践活动（剪报制作、课本剧表演汇报），自己评价。
日记书写	本月完成日记及修改情况的评价。平时课后练笔（课后根据课文特点设计续写、仿写、改写、写读后感）情况的评价。
课外阅读	完成本月读书笔记的情况评价。搜集、积累与课文相关的资料情况的评价。

月评价表的评价方式：

采用多种形式相结合进行评价。有自评、小组评、师生评、家长评．每一项的评价由学生选择本月自己满意的成绩。评价表中没有分数，没有等级，完全由各色的小印章来代表，如优秀用红色的 ☺，差一些的是蓝色的 ✳，合格的是黑色的☆。（印下红色 ☺ 在旁边要记录如何获得的）

_____月份评价表　　姓名_____

项目	评价情况	总评
掌握汉字		
语言表达		
文章诵读		
小组学习		
作业书写		
课上听课		
学习兴趣		
日记书写		
课外阅读		

在月评价中，每周一次的口语交际活动，对学生的语言表达进行评价，如"采访活动"、"话说年"、"成语接龙"等，此外，定期

的"辩论会"、"朗诵会"、"演讲会"表现突出的或进步显著的均盖上红色印章。

值得一提的是,评价是教师手中的一种教育工具,它应该激发学生的学习愿望,不是对于不爱学习或学习不好者的惩罚。因此,教师对有进步,特别出色的加入激励性的评语,月评价表中不出现不合格,对本月成绩稍差的学生暂不评定,帮助鼓励他,使他达到合格,对自己成绩不满意的学生可以重新测评。

以上这些非测试性评估调查表,目的是使学生学习过程中的情感、态度和价值观诸多方面获得等级评价,而这些等级评定主要是在教育教学的全过程完成。

二、测查性评价

测查性评价属于测试性评价中的面试。测查性评价。主要采用口试、实践性的考查、操作性的考查、展示性的评比等方式进行,定性与定量相结合。其方法适用于汉语拼音、识字、写字、背诵、口语交际等项学习内容。

1. 汉语拼音

汉语拼音的测试方法

(1)使用四年级以上的语文教科书后的生字表,让学生认读生字上的音节。

(2)可以从生字表中的任何一行开始让学生认读。认读50个音节,统计认读的正确率。

(3)学生拼读时,测试者不催促、不作提示,只对读错的音节做上记号。如果学生开始时读错,后又自行纠正,应视为正确。

（4）测试须以不对一的方式进行，可采用学生之间的互测互评，教师抽查的方法。

汉语拼音的评价方法

汉语拼音的测试成绩，以给星的方法进行等级评价。

认读音节情况	成绩（几颗星）
50 个音节全对	☆☆☆☆☆
读错 1—5 个音节	☆☆☆☆
读错 6—10 个音节	☆☆☆
读错 11—15 个音节	☆☆
读错 16—20 个音节	☆
读错 21 个以上	暂不给星

对自己测试的成绩不满意的学生，可允许学生针对自己的薄弱环节进行复习，选定时间，重新测试，有进步就给增加★数。

2. 识字

识字的测试方法（一）

测试内容：生字表中要求学生会认的字

（1）用本学期要求学生会认的字，组成词语或句子，让学生认读。

（2）每套测试卷中应含 50 个要求会认的字。

（3）学生认读时，测试者不催促、不作提示，只对读错的字做上记号。如果学生开始时读错，后又自行纠正，应视为正确。

（4）测试须以一对一的方式进行，可采用学生之间的互测互评。家长帮助测试，教师抽查相结合形式。

要求会认的字的评价方法

要求会认的字的成绩测试，以给星的方法进行等级评价。

认读音节情况	成绩（几颗星）
50 个生字全读对	☆☆☆☆☆
读错 1—5 个字音	☆☆☆☆
读错 6—10 个字音	☆☆☆
读错 11—15 个字音	☆☆
读错 16—20 个字音	☆
读错 21 个以上字音	暂不给星

对要求学生会认的字，如果学生对测试的结果不满意，还允许学生重新测试，直到满意为止。

识字测试方法（二）

测试内容：学生在课外认识的字

（1）学期开始，教师要求学生或家长把学生在课外识的字，粘贴或写在一个专门的本子上，作为测试的凭据。

（2）由于学生课外识的字，随着时间的推移，也会成为课内要求认识的字。所以，对学生课外识字测试的时间和方式都要灵活。

（3）测试须以一对一的方式进行，可采用家长帮助测试，教师抽查相结合形式。

（4）课外认的字的测试成绩，也以给星的方法进行评价。

课外认字的情况	成绩（几颗星）
认识 5—10 个字	☆
认识 11—15 个字	☆☆

课外识字的成绩，最高为 5 颗☆，累计到学生的识字成绩中。

3. 写字

测试内容：

（1）教科书中要求学习会写的字。

（2）教科书中要求默写的古诗或课文。

测试项目	☆☆☆	☆☆	☆
对书写汉字的兴趣	喜欢	一般	不喜欢
写字姿势、执笔方法	正确	随便	不正确
字形结构、笔顺规则	匀称正确	一般	不规范
纸面整洁情况	干净	还可以	比较脏
测试成绩			

测试方法：

（1）用给☆的形式测试等级，按测试项目累计计算成绩。

（2）10—12 个星为 A；7—9 个为 B；4—6 个为 C；1—3 个为 D。

（3）可以运用小组成员之间的互评方式进行。

4. 背诵

对学生背诵情况的测试，有两种形式。一个是分散进行，学一篇，背诵一篇；另一个是集中进行，以活动为载体，分阶段验收。

分散测试

学期初，教师要把本学期要求背诵的篇目列出米，和备课同步，预测出讲课的时间及要求学生背诵的时间。以人教版实验教科书一年级下册为例，进行说明。

时　　间	背诵内容	家长评	同学评	老师评
	1课《柳树醒了》			
	4课《古诗两首》			
	9课《两只鸟蛋》			
	13课《古诗两首》			
	14课《荷叶圆圆》			
	16课《要下雨了》部分			
	18课《四个太阳》			
	19课《乌鸦喝水》			
	20课《司马光》			
	24课《画家乡》部分			
	25课《快乐的节日》			

从上面的表中可以看出，要求背诵的课文的测试，可通过三个渠道进行。可以让学生之间互测互评；可以让家长协助测评；教师也可以随堂测评。三种方式，教师和学生可以灵活选择。

分阶段集中测试

分阶段集中测试，是一种汇报形式。可在学生自己背诵的基础上，有了一定的背诵的量的情况下进行。是以语文活动为载体测试小组或个人的成绩。活动形式可以以小组竞赛的形式进行，如《摆擂台》、《大比拼》等，小组集体的成绩即每位成员的成绩。也可以由师生组成评审团，学生逐个抽签汇报背诵的情况。测试标准如下！

正确	☆☆☆	☆☆	☆
流利	☆☆☆	☆☆	☆
声音	☆☆☆	☆☆	☆
情感	☆☆☆	☆☆	☆
成绩			

评估办法：

（1）用给定的形式测试等级，按测试项目累计计算成绩。

（2）9－12个星为 A；5－8 为 B；1－4 为 C。

5. 口语交际

口语交际能力的测试，必须在具体的交际情境中进行。教师可在以下的语文教学中进行评价：小组学习交流活动中；作文的讲评过程中；语文实践活动中；口语交际课中。

口语交际能力评价表

学习态度：积极参加交际活动，对谈论的话题有兴趣；乐于发表自己的意见。	☆☆☆	☆☆	☆
合作能力：交往中有合作意识，能尊重理解对方。	☆☆☆	☆☆	☆
表达能力：说普通话，口齿清楚；语句通顺，连贯，有条理；能明白清楚地表达自己的意思；语气、语调适当，符合口语习惯。	☆☆☆	☆☆	☆
应对能力：听对方的话，能理解主要内容；能抓住要点；能转述对方的意思；能辨别对方讲话中的正误。	☆☆☆	☆☆	☆
倾听习惯：认真倾听对方发言，精力集中，有耐心，不随便插话。	☆☆☆	☆☆	☆
文明习惯：与人交往有礼貌，态度自然、大方；使用文明语言。	☆☆☆	☆☆	☆

评估办法：

（1）用给☆的形式测试等级，按测试项目累计计算成绩。

（2）13—18个星为 A；7—12 为 B；1—6 为 C。

三、测试性评价

测试性评价用于评价中的笔试内容，适用于单元学习情况的评价和期末成绩的综合评价。

1. 单元评价

单元评价应该是一个阶段学习情况的小结。测试的内容基本上应是一个单元学习的内容。测试的重点应该放在知识与能力、方法与过程方面。提供案例如下：

人教版第九册一单元的评价试卷

积累与运用

一、积累

1. 任选古诗三首《墨梅》、《竹石》、《石灰吟》中的一首，默写下来。

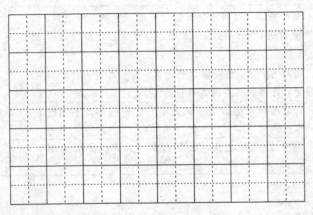

2. 选择你喜欢的描写景色特点的词语写在下面。（教材中和课外的都可以，至少要写出 5 个）

[说明：权重为 3 颗星，每小题为 1 颗星，书写美观或积累词语在四个以上为 1 颗星。3 颗星为 A；2 颗星为 B；1 颗星为 C]

二、运用

1. 用直线把下面的词语连接起来，再读一读。（搭配合理即可）

朦朦胧胧的	小河	走进	红豆酒
清澈见底的	群山	产生	原始森林
连绵不断的	云雾	酿造	错觉

[说明：权重为 2 颗星，连对为 1 颗星，有创意为 1 颗星。比如朦朦胧胧可以和云雾连接，也可以和群山连接]

2. 选词填空。

玩赏　观赏　欣赏

（1）我们（　　）过水平如镜的西湖，却从没看见过漓江这样的水。

（2）在去姊妹潭的途中，我们一路上尽情（　　）山间的云雾。

[说明：权重为两颗星，都填对了为 1 颗星，有创意为 1 颗星。比如（1）题，原文为"玩赏"，根据句子的意思，也可以填"观赏"]

3. 按要求写句子。

（1）缩写句子。

花丛里还隐藏着珊瑚珠似的小红豆。

（2）把疑问句改成陈述句。

看到那数不尽的青松白桦，谁能不向四面八方望一望呢？

_____

[说明：权重为两颗星，各为1颗星]

4. 修改有语病的句子。

（1）我攀登过许多名山大川，却没有看见过桂林这样的山。

_____

（2）两山之间往往飘动着清可见底的小河。

_____

[说明：权重为两颗星，各为1颗星]

5. 将下面的句子按一定的顺序排列出来，并说出理由。

（1）而后，山里慢慢起风了。

（2）大概刚下过雨，阿里山的一切都笼罩在朦朦胧胧的云雾中了。

（3）开始时，雾是静止的。

（4）山风劲吹的时候，只见云雾在山间翻滚、奔涌、升腾、追逐。

正确顺序是：

理由是：

[说明：权重为两颗星，各为1颗星]

6. 说一说"粉骨碎身全不怕，要留清白在人间"这句诗的意思，谈谈你的理解或感受。

诗的意思：

自己的感受：

[说明：权重为两颗星，各为 1 颗星。这部分一共 12 颗星。9—12 颗星为 A；5—8 颗星为 B；1—4 颗星为 C]

三、阅读

大兴安岭这个"岭"，跟秦岭的"岭"可大不一样。这里的岭的确很多，横着的，顺着的，高点（儿）的，长点（儿）的，短点（儿）的，可是没有一条使人想起"云横秦岭"那种险句。多少条岭啊，在疾驶的火车上看了几个钟头，既看不完，也看不厌。每条岭都是那么温柔，自山脚至岭顶长满了珍贵的树木，谁也不孤峰突兀，盛气凌人。

1. 用自己的话说一说大兴安岭的"岭"的特点。

2. 读画横线的句子，试着去掉括号中的"儿"字，比较在表达上有什么不同。

3. 阅读这段话，按着你的理解，画一幅图，表现大兴安岭的"岭"和秦岭的"岭"各自的特点。

[说明：权重为 10 颗星，1、2 题各为 3 颗星，3 题为 4 颗星。B—10 颗星为 A；5—7 颗星为 B；1—4 颗星为 C]

四、习作

四季的脚步，引领我们走过芳草青青的春天，走过生机盎然的夏日，走过果实累累的金秋，走过白雪皑皑的寒冬。选择你最喜欢的一个季节，写一写这个季节景色的特点。还要把自己的心情写出来。题目自拟。

[说明：权重为 8 颗星，留心观察季节景物的特点，表述清楚为 5 颗星，表达出自己的真情实感为 2 颗星，卷面整洁，字迹工整为 1 颗星。6—8 颗星为 A；3—5 颗星为 B；1—2 颗星为 C]

五、综合实践

哈尔滨市一家旅游公司，决定开辟赴大兴安岭旅游线路，向社会各界征集宣传广告，请根据大兴安岭特点写一篇广告词，并配以画面。要求语言精彩，字数精炼，设计精美。

[说明：权重为 3 颗星，表述清楚为 1 颗星，语言准确为 1 颗星，画面合适为 1 颗星。3 颗星为 A；2 颗星为 B；1 颗星为 C]

单元测试成绩综合统计

题号	一	二	三	四	五	统计
星数						
等级						

单元综合成绩的评定方法有两种：一种是按学生得到的星的数量，评定出最后的等级；一种是按学生在各个大题的等级，评定出最后的等级。

单元测试的内容基本上分为三个板块：积累与运用，侧重于基础知识和基本能力；阅读与表达，侧重于理解能力和写作能力；实践与操作，侧重于语文综合能力。

在学生知识与能力的测试中，除了要求知识准确外，还鼓励学生有创意的表达，侧重于学生灵活运用知识的能力。

2. 期末测试

期末测试，应该是一个学期学习情况的总结。测试的内容基本上应是一个学期学习的内容。重点考查的是学生对课本知识的理解和灵活运用的能力。测试的重点应该放在知识与能力、方法与过程方面。提供案例如下：

人教版小学语文第九册期末评价试卷

一、听读

1.听读古诗的上句，请同学们把下句写下来。

春风又绿江南岸。

谁言寸草心，

2.听读一段话，写出主要内容。

一个流浪汉呜呜地哭着，时光老人问他："你是谁？为什么哭呢？"流浪汉说："我少年时代玩玻璃球，青年时代玩纸牌，中年时代玩麻将，家产都败光了。如今我真后悔呀！"

时光老人看他哭得可怜，试探地问："假如你能返老还童……""返老还童？"流浪汉抬头将时光老人打量了一番，扑通一声跪下，苦苦地哀求，"假如再给我一个青春，我一定从头学起，做一个勤奋的人。""好吧！"时光老人说完就消失了。

惊呆了的流浪汉低头一看，自己已变成了十来岁的少年，身上还背着书包呢。他想起刚才的话，便向自己熟悉的一所小学走去。路上他看见几个孩子在玩玻璃球，不觉手痒了，也挤进去玩起来。他仍然按照老样子生活。到了老年，他懊恼地痛哭起来。正巧又碰到了时光老人，他又扑通跪下，哀求时光老人再给他一次机会。"我做了一件蠢事！"时光老人说，"给你再多的机会，你也不会得到真正的生命。"

时光老人非常生气。从此，他给每个人的时间都是一样的，谁也别想多一分一秒。

这段话的主要内容是：

[说明：权重为 3 颗星，第一小题为 1 颗星，第二小题为 2 颗星。3 颗星为 A；2 颗星为 B；1 颗星 C]

二、基础部分

1. 词语积累。（可以超过规定的数）

（1）至少写出 5 个描写秋季或冬季景色的词语。

（2）至少写出 2 句珍惜时间的格言警句。

[说明：权重为 3 颗星，每小题各为 1 颗星，多写的奖励 1 颗星]

2. 在括号中填上合适的词语。（能多填更好）

（　　）的宇宙　　（　　）的宇宙　　（　　）的宇宙

（　　）地奔跑　　（　　）地照耀　　（　　）地奋斗

[说明：权重为 3 颗星，写对 3 个词语为 1 颗星，多写的奖励 1 颗星]

3. 按要求写句子。

（1）扩句

（　　）的颜色，（　　）地照耀着（　　）的眼睛。

（2）变成反问向。

只有一个地球，如果地球上的各种资源都枯竭了，我们很难从别的地方得到补充。我们要精心地保护地球。

变成反问句：

[说明：权重为 2 颗星，每小题各为 1 颗星]

4. 用下面的词语，写一段意思连贯的话。

草原、狼、兔子、食物链、生态平衡

这段话是：

[说明：权重为 2 颗星，用上给定的词语为 1 颗星，意思连贯为 1 颗星]

5. 修改下面有语病的句子。

（1）雨过天晴，天空中出现了一道五彩缤纷的彩虹。

（2）一次，在郊游时，被尖利的石头划破了。

[说明：权重为 2 颗星，每小题各为 1 颗星]

6. 选择其中一题，按要求作答。

（1）用自己的话说说"不要人夸好颜色，只留清气满乾坤"这首诗的意思。

诗句的意思是：

（2）根据注释和学过的文言文知识，用自己的话说说下面短文的意思。

虎求①百兽而食之，得狐。狐曰："子无敢食我也！天帝使我长②百兽，今子食我，是逆天命也！子以我为不信，吾为子先行，子随我后，观百兽之见我而敢不走③乎?"虎以为然，故遂与之行，兽见之皆走。虎不知兽畏己而走也，以为畏狐也。

注释：①求，寻找。 ②长，首领。 ③走，跑。

短文的意思是：

[说明：选择（1）为 2 颗星，选择（2）为 3 颗星。基础部分一共 15 颗星，其中奖励的 3 颗星计入总成绩中。9—12 颗星为 A；5—8 颗星为 B；1—4 颗星为 C。]

三、阅读

王安石 20 岁的时候，在芗林院求学。

有一天，他翻阅《开元天宝遗事》，从中知道大唐诗人李白当年曾梦见笔头上长满鲜花，从此，名闻天下。王安石拿着书去问老师杜子野："先生，世界上真会有生花的笔吗？先生能给我一支吗？"杜子野望着王安石那诚恳渴求的目光，欣喜地看到这个青年人身上有一种蓬勃向上的力量。于是，杜老师拿出一大捆笔，语重心长地说："这里边有一支笔是生花的，你自己去找吧。"王安石恭恭敬敬地向老师行了个礼，说："请先生指教。"先生说："你用每支笔去写文章，如此下去，一定能从中寻得生花的笔。"

从此，王安石每天早起晚睡，苦读勤练。几年后，他写秃了老师给他的五百多支笔。可是还没有找出"生花笔"，王安石很纳闷。又去问杜子野："先生，我怎么还没有发现那支生花笔呢？"杜子野笑而不答，却挥笔写下了"锲而不舍"四个字送给他。王安石望着这四个沉甸甸的大字，恍然大悟。

又过了几年，王安石共写秃了 998 支笔。他用最后一支笔写《策论》，突然觉得文思潮涌、行笔如云，一篇颇有见地的《策论》一挥而就。王安石高兴地大喊着："我找到'生花笔'了！"

1. 给这篇文章拟写一个题目，概括王安石寻找生花笔的过程。

2. 谈谈你从中得到的启示。

3. 把你喜欢的词语抄写下来。

[说明：权重为 10 颗星，1 题为 5 颗星，2 题为 4 颗，3 题为 1 颗星。8—10 颗星为 A；5—7 颗星为 B；1—4 颗星为 C]

四、习作

在课余时间里，你是喜欢游泳呢，还是打乒乓球；是喜欢集邮呢，还是读小说；是喜欢放风筝呢，还是捉迷藏……选择一件你喜欢的活动，把它写出来。要写清楚喜欢的原因。

[说明：**权重为 8 颗星，选择的活动内容健康，表述清楚为 5 颗星；表达出自己的真情实感为 2 颗星；卷面整洁，字迹工整为 1 颗星。6－8 颗星为 A；3－5 颗星为 B；1－2 颗星 C**]

五、语文实践

在你成长的过程中，一定会有许多刻骨铭心的故事。回忆爸爸、妈妈为你做过哪些事情，自己又为爸爸、妈妈做过哪些事情，分别列出来，再谈谈自己的感受或想法。

爸爸妈妈为我做的事情	我为爸爸妈妈做的事情

我的感受：

[说明：**权重为 3 颗星，留心感受生活，有内容为 1 颗星，语言表达清楚为 1 颗星，写出自己的感受为 1 颗星。3 颗星为 A；2 颗星为 B；1 颗星为 C。**]

期末测试成绩综合统计

题号	一	二	三	四	五	统计
星数						
等级						

综合成绩的评定方法有两种：一种是按学生得到的星的数量，评定出最后的等级；一种是按学生在各大题的等级，评定出最后的等级。

期末测试的内容基本上分为三个板块：听力测试和基础部分，侧重于基础知识和基本能力；阅读与习作，侧重于理解能力和写作能力；语文实践，侧重于语文综合能力。

四、综合性评价

综合评价用于学生一学期学习情况的总结评定。评价的内容包括试卷测试以外的项目，就是把试卷以外内容的考查综合在一起。评价可以采取等级制，分为 ABCD 四个等级，最后教师还要写出相应的评语。

（　　）学期学习情况综合评价表

班级：　　　姓名：

评价内容	自评 ABCD	组评 ABCD	教师评 ABCD
学习习惯			
学习态度			
作业			
朗读			
背诵			
识字			
写字			
口语交际			
课内外阅读			
习作与日记			
语文实践活动			
综合评语			

综合评价是在日常分项评价和面试测查的基础上进行。就是把平时的学习情况综合起来，给学生一个总的评价。自我评价、小组评价、教师评价，都要写出相应的评价等级。

总之，对学生的评价既要强调评价主体的互动，又要强调评价方式的动态；既要强调评价内容的多元，又要关注评价对象的差异；既要做到评价实施日常化，又要做到评价侧重"行为化"。无论从哪个角度出发，只要我们把握住评价的功能是在于记录学生成长，促进学生发展，强调反馈与调节，展示激励，反思总结，我们就会找到能够客观公正评价学生的好办法，并使评价起到它应有的正确导向作用，促进学生的健康发展！

第四节　小学语文学习发展性评价
结果的运用

　　小学生语文学习质量评价，是小学语文教学质量评价体系中的一个重要组成部分，实现课程变革的必要条件之一就是要建立与之相适应的评价学生全面发展的指标体系和工作模式。这不仅是评价体系的变革，更重要的是评价理念、评价方法与手段以及实施过程的转变。如何科学地运用诸种评价要素，客观的评定学生的学习结果，这是学校教育评价的核心，也是提升学校工作质量的重要标准。

一、客观评定学生学习结果的基本要求

（一）建立促进学生全面发展的评价体系

　　新课程评价提出了发展性教育评价的基本理念。这一理念具体到学生评价上，便集中体现为发展性学生评价的理念和方法。顾名思义，所谓发展性学生评价就是以促进学生的全面发展为根本目的的学生评价理念和评价体系。这一评价理念和评价体系有以下突出特点：

　　1. 发展性学生评价应基于一定的培养目标，并在实施中制定明确、具体的阶段性发展目标。

　　实施学生评价首先需要有一个评价目标，只有有了评价目标，才能确定评价的内容和方法。学生的发展也需要目标，这个目标是学生发展的方向和依据。在传统教育评价中，这两个目标常常出现

背离的情况。而发展性学生评价强调这两个目标的一致性，强调评价目标应基于一定的培养目标。

2. 发展性学生评价的根本目的是促进学生达到目标，而不是检查和评比。

发展性学生评价所追求的不是给学生下一个精确的结论，更不是给学生一个等级或分数并与他人比较、排队。而是要通过对学生过去和现在状态的了解，分析学生存在的优势和不足，并在此基础上提出具体的改进建议，促进学生在原有水平上的提高，逐步达到基础教育培养目标的要求。

3. 发展性学生评价注重过程。

学生的发展是一个过程，促进学生的发展同样要经历一个过程。发展性学生评价强调在学生发展过程中对学生发展全过程的不断关注，而不只是在学生发展过程终止时对学生发展的结果进行评价。它既重视学生的现在，也要考虑学生的过去，更着眼于学生的未来。因此，发展性学生评价重视形成性评价的作用，强调通过在学生发展的各个环节具体关注学生的发展来促进学生的发展。发展性学生评价还强调收集并保存学生发展过程中能表明学生发展状况的所有关键资料，因为正是对这些资料的呈现和分析，能够帮助我们形成对学生发展变化的正确而全面的认识，并在此基础上针对学生的优势和不足，给与学生激励或具体的、有针对性的改进建议。

4. 发展性学生评价关注学生发展的全面性。

知识与技能、过程与方法、情感、态度、价值观等各个方面都是发展性学生评价的内容，并且受到同等的重视。比如，在语文课程标准中规定，在评价学生作文水平的发展状况时，评价的重点不在于考查学生能写几篇像样成型的文章，而在于重视对学生写作的过程与方法、情感与态度的评价，如是否有写作的兴趣和良好的习惯，是否表达了真情实感，是否有创意的表达．以及在写作中是否形成较高的审美情趣、良好的个性和健全的人格。

5. 发展性学生评价倡导评价方法的多元化。

要改变单纯通过书面测验和考试检查学生对知识、技能掌握的情况，倡导运用多种评价方法、评价手段和评价工具、综合评价学生在情感、态度、价值观、创新意识和实践能力等方面的进步与变化。这意味着，评价学生将不再只有一把"尺子"．而是多把"尺子"，教育评价"一卷定高低"的局面将被打破。实践证明．多一把"尺子"就多一批好学生。只有实现评价方式的多元化，才能使每个学生都有机会成为优秀者，才能促进学生综合素质的全面发展。

6. 发展性学生评价关注个体差异。

心理学和社会学的研究表明，每个学生都具有不同于他人的先天素质和生活环境。都有自己的爱好、长处和不足。学生的差异不仅表现在学业成绩的差异上，还表现在生理特点、心理特征、动机兴趣、爱好特长等各个方面。这使得每一个学生的发展目标以及发展速度和轨迹都呈现出一定的独特性，发展性评价正是强调要关注学生的个别差异，建立"因材施教"的评价体系。具体来说，就是要关注和理解学生个体发展的需要，尊重和认可学生个性化的价值取向，依据学生的不同背景和特点，运用不同的评价方法，正确判断每个学生的不同发展潜能，为每个学生制定个性化的发展目标和评价标准，提出适合其发展的具体建议。

7. 发展性学生评价注重学生本人在评价中的作用。

传统的教育评价，片面强调和追求学业成绩的精确化和客观化，忽视了学生的主体性和能动性，往往使学生的自评变得无足轻重。发展性学生评价试图改变过去学生一味被动接受评判的状况，发挥学生在评价中的主体作用。具体来说，在制定评价内容和评价标准时，教师应更多地听取学生的意见；在评价资料的收集中，学生应发挥更积极的作用；在得出评价结论时，教师也应鼓励学生积极开展自评和互评，通过"协商"达成评价结论；在反馈评价信息时，教师更要与学生密切合作，共同制定改进措施，以保证改进措施的真正落实。总之，通过学生对评价过程的全面参与，使评价过程成为促进学生反思、加强评价与教学相结合的过程，成为学生自我认识、自我评价、自我激励、自我调整和自我教育能力不断提高的过程，成为学生与人合作的意识和技能不断增强的过程。布鲁纳说："教师必须采取提供学习者最后能自行把矫正机能接过去的那种模式，否则，教学的结果势将造成学生跟着教师转的掌握方式。"这也就是说，教师不仅要做好自身对学生的评价，更要帮助学生学会自我评价，使自己从讲台上的传授者转变为学生学习的促进者。发展性学生评价归根结底必须指向学生自我评价能力的培育。

（二）实施科学、有序的评价流程

从操作层面来看，对学生的评价主要是由学校和教师来完成的。为保证评价工作科学、有序地进行，需要建立和遵循一定的实施程序。一般来说，学校实施发展性学生评价工作应按以下四个工作环节来进行：

1. 明确评价内容，并用清楚、简练、可测量的目标术语表达出来。

明确对学生学习的评价内容是实施评价工作的第一步，评价内容是通过评价目标体系体现出来的。一般来说。促进学生全面发展的评价目标体系主要包括学科学习目标和一般性发展目标两个方面。

学科学习目标是教师和学生开展学科学习活动预期要达到的结果，是学科学习活动的出发点和归宿，是评价学生的重要依据，也是评价学科教学活动成效的重要依据。学科学习目标的确定应以教育部制定的各学科国家课程标准为依据。国家课程标准是教材编写、教学、评估和考试命题的依据。是国家管理和评价课程的基础，体现了国家对不同阶段学生在知识与技能、过程与方法、情感态度与价值观等方面的基本要求。新的课程标准提出了很多具有时代特点，体现新的人才观、教育观和质量观的评价内容和评价标准。所以，教师在一节课或一个单元的教学之前就必须根据课程标准规定的基本要求和具体的教学内容设立恰当的评价目标体系，并据此选择相应的评价方法和具体的评价指标，以便于在教学过程中根据评价目标和评价指标不断收集各种信息，监控学生的学习状况，及时发现教学中存在的问题并进行改进。只有这样，才能真正发挥评价目标的导向作用。

从课程标准到评价目标再到评价指标是一个评价内容不断具体化的过程，体现了教师对课程标准、教材和教学目标的理解水平和把握能力。为了避免因流于笼统、空泛而削弱评价的可操作性、造成评价结论的不一致性，评价指标应该用具体、清楚、简练、可测量的目标术语表述出来。例如，对学生的写作进行评价可以分解为立意、格式、语言等三个方面，如果在评价文章的语言时还是感到笼统，还可以再将其分解为语言的准确性和表现力等指标。此外，在对评价内容进行分解时，所分解出的评价指标还必须是全面、重要和有效的，否则，就会削弱评价数据的合理性和有效性。

学生的一般性发展目标涉及了个体全面发展的基本素质，主要包括以下内容：

①道德品质：热爱祖国，遵纪守法，诚信公正，关心集体，保护环境，富有同情心和责任感。

②学习的愿望与能力：能承担起学习的责任，并努力使自己优秀；能运用各种学习策略来提高学习水平，并对自己的学习过程和结果进行反思；能把不同学科的知识联系起来。运用已有的知识和技能分析、解决问题；拥有熟练收集信息、处理信息、运用信息的能力；具有批判性思考和推理的能力，能提出有创造性的思想；具备基本的生存能力。

③交流与合作：能综合运用各种交流和沟通的方法进行合作；能与他人一起确立目标并实现目标；尊重和理解他人的处境和观点，包括理解和赞赏人们之间的分歧与独立：能把自己当作集体中的一员，评价和管理自己在集体中的行为：能解决因观念和信仰的不同而造成的分歧和冲突。

④个性与情感：对生活、学习有着积极的情绪情感体验，拥有自尊和自信；表现出勤奋、坚强、独立、自律和自强不息等优秀的个性品质。

应该注意的是，在实施评价时一般性发展目标与学科学习目标是无法截然分开的。实际上，学科学习是实现一般性发展目标的重要途径之一。学科学习目标中应该也必然要包含或渗透一般性发展目标的内容。

2. 选择评价方法，设计评价工具。

有了评价标准以后，还需要选择评价方法，设计评价工具，这是在评价的设计准备阶段应做的重要工作。

由于促进学生发展的评价体系建立了多元的、综合的评价内容和评价标准，所以相应的评价工具与方法也应注重多样化，应打破将考试作为唯一评价手段的垄断，而应采取质性评价方法与量性评价方法结合的形式对学生进行评价。

在设计学生发展性评价的工具和方法时，要从下面几个角度进行考虑：

第一，从单纯通过书面测验、考试检验学生对知识、技能掌握的情况，转变为运用多种方法综合评价学生在情感、态度、价值观、知识技能，创新意识和实践能力等方面的变化与进步。

第二，发挥评价的教育功能，从单纯通过考试对学生一个阶段的学习情况进行鉴定，转变到运用多种手段进行过程性评价，及时发现学生学习中的问题，及时反馈与矫正，通过评价促使学生在原有水平上的发展。

考试只是课程评价的一种方式，要将考试与其他课程评价方式有机结合，灵活运用；笔试也只是考试的一种方式，要改变目前将笔试作为唯一的考试手段，过分注重等级、过分注重量化的做法。

要根据考试的目的、性质、对象、主体，选择相应的考试方式、方法、手段，并对考试结果进行不同的处理，尽可能地减轻考试对学生的压力。考试的内容要依据课程标准，杜绝偏题、难题、怪题。

学生阶段性学习成果的测验，教师必须对每一位学生的考试结果做出分析说明，不能把考试成绩作为标示学生的标签。小学的学习成绩评定尽可能采用等级分数，但对学生的思想评价不宜采用积分数来评定。

3. 收集和分析反映学生发展过程和结果的资料和数据，是全面客观评价学生的关键。

这些资料通常包括学生的自我评价、教师和同伴的观察与评价、来自家长的信息、考试和测验的信息、成绩与作品集、其他有关或说明学生进步的证据等。常用的收集方法有：标准化考试、以成绩为基础的评价、对学生行为表现的观察、访谈与调查等，同样强调量化与质性评价方法的结合。这些资料不仅应涵盖学生发展的优势领域，也应涵盖被认为是学生发展不足的领域，这样才能为学生的发展建立全面的、客观的资料档案，清晰描绘出学生成长、发展的曲线。

在分析评价资料时，要注意以下几点：

①鼓励被评价者参与讨论，体现对被评价者的尊重、理解与关怀。这不仅有助于澄清一些不确定的问题，有助于分析问题的成因，更有助于促进被评价者的反思和对评价结果的认同。

②应对来自各种测评手段的数据进行综合性的分析，以全面描述学生的发展状况。

③应尽可能进行纵向和横向的比较分析。

④评价结果的呈现方式应是量化表述与质性描述的有机结合，评价的语言应采用激励性语言，让学生真切的感受到真实的关怀。

4. 形成对学生综合素质的全面评定。

客观全面地对学生一个学期的综合性素质发展状况进行评定包括两个方面的内容。一是要用评语的方式对学生的综合性素质进行整体性描述。描述时应突出学生个性优势的特长和发展潜能。二是对学生的学业成绩给以等次划分，可分为 A、B、C、D 四个等级。对学生进行综合评定时。应特别注意以下几点：

①体现差异性。由于学生个体间存在着差异，所以在综合素质的评定时出现差异是正常的。当学生某一方面表现不合格时，写评语一定要慎重，切忌顾此失彼，以偏盖全。评定时要参照成长记录、学生的日常评价考核，给学生以客观公正的评定。

②体现公平性。凡对学生学期终结性考评时。一定要在教师的引导下，经学生集体讨论后，方可形成。评定时，一定要体现"正确引导，树立榜样，引发向上，向往成功"的原则，使学生看到成功的目标，看到差距中的我。

5. 明确促进学生发展的改进要点，并制定改进计划。

发展性学生评价的根本目的是要促进改进、促进发展。因此，光得出一个客观描述学生学习情况的分析报告是不够的，还需要在此基础上，提出改进要点，制定改进计划。制定改进计划要注意以下几点：

①改进要点应用清楚、简练、可测量的目标术语表述出来，明确、具体的描述我们期望看到的学生通过改进以后达到目标时的行

为表现。

②改进计划还应关注个体差异和不同背景，提出有针对性的、有个体化特征的改进要点。

③要讲究评价结果和改进计划的反馈方式和策略，使评价真正发挥激励和促进的作用。评价反馈的策略主要有：给与反馈与不给与反馈、单独反馈与公开反馈、全部反馈与不完全反馈、群体参照反馈与个体反馈、正面结果反馈与负面结果反馈，等等。

二、小学语文学习评价方法的实践与探索

全日制义务教育《语文科课程标准》（实验稿）中明确指出：语文课程评价的目的不仅是为了考察学生达到学习目标的程度，更是为了检验和改进学生的语文学习和教师的教学，改善课程设计、完善教学过程，从而有效的促进学生发展。

（一）小学语文形成性评价

1. 小学语文形成性评价的特点。

形成性评价是在教学过程中每个形成性学习单元之间进行的评价，目的是改进这一过程，使这一过程能顺利进行，并取得最大的收益。形成性评价和掌握学习理论是相吻合的，它是掌握学习策略的基本措施。它的基本思想是采取频繁的反馈和根据每个学生需要因人而异的帮助学生进行纠正。反馈通常采取各种简单的形成性进度测试的形式，这些测试将会表明每一个学生已经掌握的内容以及为了完成学习任务还需要学习的内容；因人而异的帮助进行改正，从而帮助每一个学生去学习那些还没有学会的要点。通过这种反馈可以弥补群体教学所必然引起的学习误差，以使全体学生都达到掌

握。其基本方法和步骤如下：

①确定每一个形成性学习单元的内容和目标后，制成规格明细表。详细分析表内所包含的要素，以及各要素的层次结构关系，制定各个要素的重要性程度。

②编制形成性测试试卷和平行测试试卷，两份试卷都必须包括本单元所有重要因素，并在原则上要求等值。

③在单元学习后实施形成性测试。

④给学生第二次机会，并在随后两三天举行平行性测试。

一般来说，测试答案（一次或两次之和）的准确程度达到85%就表示学生该单元达到掌握水平。在实施形成性测试之后，教师应对其结果进行分析，以确定学生对教材掌握情况，并以此来改进教学，复习那些学生感到特别困难的概念。特别困难的概念是指大多数学生出现差错的地方，一般是由教材中的难点或教学过程本身引起的。教师必须通过群体教学程序对此加以纠正，而且应力求找到解释这些概念的不同途径。形成性评价更重要的价值是向学生提供帮助，这种帮助突出表现在三个方面：

第一，引导学习活动的方向。实施形成评价必须明确规定每个学习阶段的学习目标及评价项目，划分出学习单元和具体课时，这无疑能对教学活动起到导向的作用。

第二，强化学生的学习。形成性评价能对学生是否已达到阶段性目标、达到的程度如何做出判断，从而肯定学生已有的发展成就，增强学生的自信心，提高学生的学习兴趣，起到强化学生的学习行为的作用。

第三，及时发现问题并提供校正处方。通过形成性评价，教师和学生可以及时发现教学过程中存在的简单问题与困难，并通过对问题和困难的分析，寻找产生问题和困难的原因，制定解决问题、克服困难的措施。心理学研究成果和教育实践经验表明，经常向教师和学生提供有关教育进程的信息，可以使学生和教师有效地利用这些信息，按照需要采取适当的修正措施，使教育成为一个"自我纠正系统"。因此实施形成性评价最重要的是，评价一定要有反馈，而且反馈一定要伴随着各项改正措施和程序，以便教师和学生为今后的学习任务做好充分准备。应该注意的是，形成性评价虽然与诊断性评价一样，都有发现问题并寻找解决问题的措施的任务和作用，但一般来说，形成性评价重在迅速找出简单的带有普遍性的困难和问题并加以解决，至于在个别学生身上反映出来的严重的特殊困难，则必须留待诊断性评价通过运用特殊诊断工具来分析和处理。

为了做到及时评价、及时反馈，形成性评价一般评价次数较多，概括性水平较低，评价内容和范围主要是每个形成性单元的内容与目标。

2. 小学生语文形成性评价的种类及其应用。

形成性评价是现代教育评价的发展趋势之一，也是本次国家基础教育课程改革所倡导的一种重要的评价方法。在我国中小学的学生评价中越来越受到人们的重视。形成性评价一改传统评价方法过分注重甄别与选拔的功能，过分强调终结性评价的做法，更加"关注学生学习与发展的过程、学习的策略与方法、发展的优势与不足、能力的培养、改进与发展的建议等。"它更要求我们的评价活动要与教学有机的结合，评价内容的确定要依据教学目标与教学实际，学生作品及相关证据要在教学过程中产生并收集起来。形成性评价所借助的主要形式：成长记录袋，搜集的类别主要有形成性测评、平常作业、日常观察、作品展示等四个方面。

形成性测评一般是在一个章节或一个相对独立的单元完毕后进行的测评。其特点是能在较短的时间内用范围较广的问题来检查全班学生状况，评定学生的学习结果。内容针对性强，使学生明了学习上的优缺点，以便弥补知识上的缺陷。这种测评一般次数不宜过多，每学期3—4次为好。测评后，教师要及时批阅、讲评，并形成评价报告单。在终结性评价中形成性测评约占20%的比例。

[案例1]

过程型成长记录袋样例

年级：小学二年级

学科：语文

学习领域：课外阅读

目标：运用成长记录袋促进阅读水平的提高，培养课外阅读习惯；积累词汇量；促进词汇的运用；扩大知识面。

内容/特点：

教师规定全班学生每周要读3—4篇课外文章，并按照教师设计好的格式作读书笔记。

读书笔记

班级：　　　　姓　　名：　　　　学号：

书名：　　　　文章题目：　　　　作者：

读书时间：　　　年　　月　　日

学会的生字：

学会的精彩知识：

你喜欢的好句：

学生按照教师的要求把写好的读书笔记放入自己设计的成长记录袋中。

每周一教师利用一定的时间让学生交流他们新学的生字、好词好句。因此，教师要求学生在周末时，要对自己一周的读书笔记重新温习，找一找自己学会了哪些词汇及其表达方式，是否已经用于写作或口语交流中，想与同学交流的词汇与句子是什么等等。这就是一个对自己学习的评估过程。

这是一个以考察学生个性化阅读为目的的成长记录袋。

基本定位为——自主阅读、平等合作、发展个性，着力在目标、方式、过程等方面实现个性化，把展现个性魅力的时空留给学生，让他们积极参与，实现发展。

在个性化阅读过程中，评价学生的项目主要有：

项目	分值	主要表现	自评	互评	教师评价	家长评价
主动	20	明确自己的阅读目的；喜欢在阅读中感受乐趣。				
独立	20	能选择适合自己的阅读目标、方法，尝试运用。				
自信	20	阅读中遇到困难不退缩，能运用工具书或向人求教解决。				
合作	20	善于与同学合作学习、交流；能帮助阅读有困难的同学。				
收获	20	完成阅读目标，知识积累，背诵语段不断增加。				

注：在对同一项目的评价过程中。教师应根据个人不同个性设定评价标准。若设每一项目占分值为 20 分，对于较不合群的学生，可适当增加"合作"一项的权重，相应地减少"独立"项目的分比。评价采用自评、互评与教师评价相结合，参考家长评价，及时肯定、及时记录学生阅读能力的进展，用描述性的语言进行评定。每个人只要能在自己原有水平上得到发展，就可以得到良好评价。

[案例 2]

课堂观察检核表

组长眼中的我

姓名		班级		时间	
项目	内容			评价	
课前	1. 预备铃响后能自觉地准备好本节课所需要的学习用具。			☆☆☆☆☆	
	2. 能自觉读书，能在书上勾画，批注不懂的问题，自学能力强。			☆☆☆☆☆	
	3. 能精神饱满投入到学习中，不做与课堂无关的事。			☆☆☆☆☆	
质疑释疑	1. 能自觉读课文，提出自己不懂的问题。			☆☆☆☆☆	
	2. 积极回答老师、同学提出的问题。			☆☆☆☆☆	
	3. 尊重同学，能认真听同学发言。			☆☆☆☆☆	
活动	1. 上课专心听讲，注意力集中。			☆☆☆☆☆	
	2. 自觉遵守纪律。			☆☆☆☆☆	
	3. 积极举手发言，声音洪亮，充满自信。			☆☆☆☆☆	
	4. 积极参与小组交流，充分发表自己的见解，和同学共同解决问题。			☆☆☆☆☆	
	5. 主动帮助有困难的同学。			☆☆☆☆☆	
	6. 及时总结本节课的收获。			☆☆☆☆☆	

注：①课堂观察检核表主要是对学生学习态度、学习品质、学习状况的考核评定，是对学生平时学习表现的一种真实记录。对学生的日常表现应以鼓励、表扬等积极的评价为主，采用激励性的评语，尽量从正面加以引导。

②考核项目为每天一颗星，5天累计为5颗星。

③周累计5颗星，为优；4—3颗星为良；2—1颗为一般。

④在每学期累计评定后，计入终结性考评。

⑤考评结果以等级制划分：A；B；C；D。

[案例3]

家长评价

尊敬的家长：

您好，为了您及时了解孩子在校的学习情况以及自我表现，与学校互通信息，使您的敉子健康、快乐的成长，现把其在本周的学习情况反馈蛤您，请认真填写此表，并提出合理的建议，希望得到您的支持与配合。谢谢！

告家长书样表

姓　　名		班　级		时　间	第　　周
项　　目		学校表现		家中表现	
作　　业		☆☆☆☆☆		☆☆☆☆☆	
阅　　读		☆☆☆☆☆		☆☆☆☆☆	
背　　诵		☆☆☆☆☆		☆☆☆☆☆	
写　　字		☆☆☆☆☆		☆☆☆☆☆	
朗　　读		☆☆☆☆☆		☆☆☆☆☆	

姓　　名		班　级		时　　间	第　　周
操作、实践		☆☆☆☆☆		☆☆☆☆☆	
家长意见					家长签名

填写说明：

　　表中学生在校表现由同桌、小组长、班主任填写，家中表现由家长填写。通过此表，使教师和家长彼此沟通，及时了解学生的学习行为变化，以便双方各自调整自己的教育方法，促进学生向正确的方向发展。谢谢！

＿＿＿＿＿＿＿＿＿学校

　　注：家长评价做为教师对学生学习状况全面评定的一个重要参考数据。

（二）小学语文终结性评价

1. 小学语文终结性评价的特点

终结性评价是在一门学科结束的时候进行的，主要针对总的教学效果，关心的是最终的目标达成与否，目的是确定不同学生各自所达到的不同水准。正如布卢姆所说的：终结性评价的这种判断活动的确在师生中间引起极度焦虑和抵触，但这类评价同样也为教学所必需。这一方面是因为教学的总目标无法在形成性评价中全部体现，需要终结性评价来考查各单元知识的横向联系和综合以及在这个基础上提高的难度和深度，此外终结性评价还涉及情意领域的效果。另一方面是由于终结性评价在教学中有其独特的地位和功能，它除了主要用于评定学生成绩外，还有下列用途：对学生进行反馈；对技能和能力作证明。两种评价类型的比较：

种　　类	形成性评价	终结性评价
作　　用	确定学习效果	评定学业成绩
主要目的	改进学习过程，调整教学方案	证明学习已达到的水平，预言在后续教程中成功的可能性
评价重点	过程	结果
手　　段	经常性检查、作业、日常观察	考试
测试内容	课题和单元目标样本	课程和教程目标的广泛样本
试题难度	依教学任务而定	中等
分数解释	目标参照	常模参照
实施时间	课题或单元教学结束后，经常进行	课程式一段教程结束后，一般每学期1—2次
主要特点	"前瞻式"	"回顾式"

　　教育部在对《中小学评价与考试制度改革的指导意见（讨论稿）》中指出：收集和分析能够反映学生学习过程和学习结果的资料是全面评价学生的关键。

　　那么，在对学生进行终结性评价时，需要收集哪些资料呢？我们认为在对学生做终结性评价中，涉及到两个方面的重要数据：一是终结性测试结果；二是提炼形成性评价考核的结果。

　　2. 终结性测试主要工作内容

　　（1）制订年度终结性测试工作安排意见

　　期末测试工作安排应在"评价与考试制度改革工作指导意见"的大前提下进行。遵循课程改革整体工作安排建议与步骤，对其具体工作提出明确的部署与要求。这项工作主要涉及以下方面的内容：

①关于对期末复习工作的要求；

②命题的指示思想及原则；

③关于考试成绩评定的要求；

④关于对考试时间、质量分析方面的具体要求。

[案例 1]

密山市小学 2003－2004 年学年度第一学期
期末测试工作安排意见

走进新课程。实践新课程，是省级义务教育课程改革实验区——密山市所面临的中心任务。我市作为省级课程改革实验区，已正式实施了两年的实验工作。依照密山教育局关于转发省教育厅通知精神，有必要在全市小学针对学生的学习进行终结性评价。现将我市小学期末工作安排如下：

一、关于期末复习

1. 全市小学校要严格执行《课程计划》不得增加或变相增加周活动总量，要按教育部和教育厅指示精神安排好复习工作。

2. 提倡布置活动性、实践性的家庭作业。小学一至二年级不留家庭作业，其他年级书面家庭作业时间不超过一小时；科学训练，不搞题海战术。

3. 本学期小学课程结束时间为十二月下旬；复习时间：小学为一周。

二、命题的指导思想及原则

1. 以全新的考试评价理念为主，进行"全面考察，突出应用；分散分项，减轻压力；多种形式，注重体验；尊重差异，促进发展"为指导思想的学科考试改革。改革传统考试给学生造成的种种弊端，从义务教育是"发展人"而不是"选拔人"的本质出发,努力为学生创造一个轻松的考试氛围和考试环境。

2. 实行各学科分项考试。强调"四必考":即动手操作能力必考,口头、书面表达能力必考,良好的学习习惯必考,重点基础知识必考。

3. 此次教学质量评价目的不单纯是检测学生的成绩,更重要的是为学生提供展示自己优势、长项的机会。实现公开、公平、公正地评价学生的学习,推动课程改革实验工作的开展,全面实施素质教育。

4. 根据各学科课程标准的要求,期末质量评价分闭卷和开卷两种形式。以问卷形式进行评价的分值占总分值的80%,由进修学校负责命题;以开卷形式进行评价的分值占总分值的20%,由各校自行命题,任课教师对学生在各学科攀习过程中的学习态度、学习成果、课内外作业及平时学生的实际情况具体设计分值进行评价。统一命题的试题卷面分值仍为100分。对学生的总体评价由学校按开卷、问卷两种评价方式进行综合评价打分。

5. 命题坚持紧扣课标和教材,增加应用型、能力型试题。试题易、中、难各占60%、20%、20%,在后两个百分比中体现区分度。

6. 强调理论联系实际,增加联系社会、接触生活的试题;适量增加考察综合运用知识解决问题能力的试题,在学科内综合的基础上尝试跨学科的综合运用;增加开放性试题,加强对学生分析问题、归纳能力的测试。

7. 试卷结构简约、合理。试题数量适当;留给学生足够的思考时间和自由发挥的余地,给学生提供发展、创新的条件。不出偏题、怪题和计算、证明繁琐或人为编造似是而非的题目，不出死记硬背的考题。

三、关于成绩的评定

小学生的学习成绩评定应采用等级制，不得将学生考试成绩排榜公布。小学成绩等第划分如下：一至二年级：优秀 100—90 分；良好 89—80 分；及格 79—60 分。三至五年级：优秀 100—85 分；良好 84—75 分；及格 74—60 分。

四、小学各年级考试时间及学科

小学：2004 年 1 月 9—10 日　1—5 年级数学、语文

五、期末考试有关要求

1. 新教材实验年级小学一年至五年语文、数学由市教师进修学校统一命题，由学校按规定时间组织测试。

2. 小学其他学科测试由市教师进修学校提供试卷，自愿选用，各校按市里安排的考试时间，自行组织测试。

3. 测试结束后，各校要认真组织教师评卷，搞好质量分析。结合学生答卷，将学校一学期以来的教学反思和教师的个人教学反思、学校的质量分析、反思报告及课改实验总结于 2004 年 1 月 12 日前一并上报教师进修学校初教部。

密山市教师进修学校

3. 明确编制终结性测验题的一般程序及要求

正由于终结性评价常常是用来为重要决定提供证据，所以终结性评价采用的手段主要是依据标准化考试，并且特别强调终结性测试必须具备两个绝对必要的特点：可据性（效度）和可靠性（信

度），而为了满足这两个基本要求，在编制终结性测试时，一般必须采取以下步骤。

①制订（或借用、或改编）一份学科双向细目表；

②为双向细目表诸小格编写和挑选测试题目；

③通过合理的方式进行抽样，从而选定测试各种小格的题目；

④系统安排选定的题目；

⑤设计拟定客观的评价标准，以提供所需要的那类信目；

⑥为学生编写明确的说明；

⑦检查成品。

（A）编制命题双向细目表

所谓双向，一是按测试的目标，一是指具体测量的内容。

由于命题双向细目表是命题的基本框架，并与考核内容结构是一致的，所以制定双向细目表的依据应按全日制《语文课程标准》（实验稿）对各学段要求，不允许超出课程标准对本年段教学目标的要求。下表即是按测试目标分类，具体测量的比重制订的一份四年级（下册）命题双向细目表。

[案例 2]

小学语文四年级期末测试双向细目表

测试内容	测验目标					合计
	识记	理解	简单应用	综合应用	创见	
1. 识字、词句	6	9	12	8	0	35
2. 阅读	2	11	4	6	2	25
3. 习作	0	3	4	15	3	25
4. 才艺展示	2	4	4	5	0	15
合　计	10	27	24	34	5	100

（B）命题并拟定标准答案，评分细则。

根据"双向细目表"命题。命题的具体要求为：

①试题选择应有代表性，试题应当根据该学科全部重要的教材内容，注重对字、词、句、朗读、阅读、习作、听力、口语交际等基础知识的测查。

②试题应加强与社会实际和学生生活经验的联系，重视考查学生分析问题、解决问题的能力，即多考查学生实践动手能力和创新思维，少考查记忆内容。

③试题应为更多的学生提供思考和创新的空间，满足不同层次学生的需求。试题的难度要有一定的分布范围，彼此独立，不含有本题或其它题目正确答案的要素。

④试题应注重语文人文性特点，力求体现不同年龄段儿童的心理特点及需求，内容有趣，题型新颖，卷面活泼。力求采用激励性，增强学生自信心的语言。

［案例 3］

2003——2004 学年度第一学期期末
密山市小学四年级语文测试卷

亲爱的同学们：

升入四年级。你已经是高年级的学生了。高年级的语文学习，要求在知识积累、阅读能力、习作水平方面都要有一个新的飞跃。相信你经过一个学期的学习。收获多多。请把你最优异的成绩展示出来吧！

一、拼音大看台——读拼音组词语。

táo yě	pí bèi	kòng xì	zāo yāng	luò yì
（　　　）	（　　　）	（　　　）	（　　　）	（　　　）不绝

gōng diàn	sōu suǒ	yòng cān	bìng jūn	nài hé
（　　　）	（　　　）	（　　　）	（　　　）	无可（　　　）

二、积累大展示——按要求填空。

1. 成语　　＿＿＿天工　别出＿＿＿　＿＿＿生辉　爱不＿＿＿

·古＿古＿　鳞＿栉＿　小巧＿＿＿　月＿风＿

2. 对对子　　潮涨＿＿＿，月盈＿＿＿，暮色对＿，＿对柴扉。

3. 名言警句　　古人立大事者，不谓有＿＿＿，亦必有＿＿＿。

千人同心，则得＿＿＿；＿＿＿，则无一人之用。

4. 对联　　清风明月＿＿＿，近水遥山＿＿＿。

雾锁山头＿＿＿，天连水尾＿＿＿＿。

5. 按课文内容填空：①圆明园的毁灭是（　　　）不可估量的损失，也是（　　　）不可估量的损失。

②五位壮士（　　　）在狼牙山顶峰，（　　　）着人民群众和部分主力远去的方向。

③昆明湖静得像（　　　），绿得像（　　　）。

④假如没有这泉，济南定会（　　　）。

⑤一位（　　　）的老奶奶，双手拄着拐杖，背靠一棵（　　　），（　　　）地等待着。

三、才艺大亮相——默写古诗并配画。

要求：1. 任选本册课本中的一首古诗，为其配一幅简笔画。

2. 画与诗的版面设计要合理、美观。

四、品味赏析台——阅读。

山　雨（节选）

雨，悄悄地来了。

先是听见它的声音，从很远的山林里传来，从很高的山坡上传来——

沙啦啦，沙啦啦……

像一曲无字的歌谣，神奇地从四面八方飘然而起，逐渐清晰起来，响亮起来，由远而近，由远而近……

雨声里，山中的每一块岩石、每一片树叶、每一丛绿草，都变成了美妙无比的琴键。飘飘洒洒的雨丝是无数轻捷柔软的手指。弹奏出一阕又一阕优雅的小曲，每一个音符，都带着幻想的色彩。

阅读提示：

高年级的阅读，重在读懂、品味。

一位小朋友在阅读中遇到了难题，请你帮助解答一下。请看题：

1. 请概括描述这段文字描写了怎样的情景，表达了作者怎样的感情？

_____

2. 第 2——第 4 自然段是写作者"听山雨"的感受，其中，

①第 3 自然段中真实描写雨声的词语是：_____

②第 4 自然段中作者把雨声比作是：_____

③在第 4 自然段中作者描写山雨由小到大、神奇的变化时，用了一组词语，依次是（_____）→（_____）→（_____）→（_____）

④第 5 自然段中，作者幻想中的"琴键"，是由哪些事物构成？

_____

⑤在第 5 自然段中，作者幻想中"柔软手指"，又是指的什么？

_____

3. 朗读这段文字时，应当用怎样的语气去读？请根据你对文章的理解，将下列词语选择排列、组合。

真实美　　　神奇美　　　虚幻美　　　轻柔美

①　　　　　②　　　　　③　　　　　④

五、文采大擂台——习作。

习作提示：下面两题可任选其一。

1.
> 　　宇航员杨利伟驾驶"神舟五号"飞上了太空，圆了中国人民几千年的飞天梦，中国人民无不欢欣鼓舞。此时此刻的你，或许想给杨利伟叔叔写封慰问信；或许幻想也登上太空；或许……请你以事件为话题。自选体裁。自拟文题，自由表达，写一篇习作。

2.
> 写一篇读后感。
> 要求：
> 　　1. 可从本册学过的 35 篇课文中，选你最喜欢的写一篇读后感。
> 　　2. 也可以从课外阅读中任选一本好书、一篇佳作。写一篇读后感。自拟文题。

密山市小学语文四年级期末测试

参考答案及评分标准

一、拼音大看台，读拼音组词语。（每2词1分，计5分）

陶冶　　疲惫　　空隙　　遭殃　　络绎不绝

宫殿　　搜索　　用餐　　病菌　　无可奈何

二、积累大展示——按要求填空（30分）

1. 巧夺；心裁；满室；释手；色、香；次、比；

玲珑；白、清

（每空1分，计8分）

2. 落；亏；朝晖；草舍　　（每空1分，计4分）

3. 超世之才；坚忍不拔之志。　千人力；万人异心。（每空1
分，计4分）

4. 本无价；皆有情；山锁雾；水连天。　　　（每空1分，计4
分）

5. ①祖国文化史上；世界文化史上；

②屹立；眺望；　　③一面镜子；一块碧玉。

④丢失一半的美。　⑤满头银发；洋槐树；焦急而耐心

（每空1分，计10分）

三、才艺大亮相——默写古诗并配画。（15分）

①默写古诗（5分）；②做画（5分）；③版面设计（5分）。

四、品味赏析台——阅读。（25分）

1. 描写了"山雨下起来了"的情景，表达了对"山雨喜爱之
情"。（5分）

2. ①沙啦啦（3分）　　②无字的歌谣（3分）

③飘然而起，逐渐清晰，响亮起来；由远而近。（4分）

④每一块岩石，每一片树叶，每一丛绿草。（3分）

⑤飘飘洒洒的雨丝（3分）

3、轻柔美——真实美——虚幻美——神奇美（4分）

五、文采大擂台——习作。（25分）

测评学生成绩注意事项：

①鼓励学生的创造精神。

学生成绩的评定，直接关系着学生的学习方向。因此，评卷中一定要重视鼓励学生掌握知识的创造性，鼓励他们独立分析问题和解决问题，引导学生不拘泥于现成结论。特别是对那些灵活性、综合性强的试题，要允许学生发挥自己的创见，凡是有创见的回答，都应予以鼓励，以促进学生智力的发展。

②评定要宏观、公正、真实反映学生的学业成绩。

教师对所有学生都应按同一标准要求，不能从个人好恶和主观印象出发，评分过严会使学生丧失前进的信心；过宽会使学生放松要求。

③评分不仅要看最后答案，还要看答题思路，看解题合理创新的程度。

④不仅有评分，还要有评语。

一些难从分数上反映公平的问题，如上升与下降的趋势，学习上的特点、优点、缺点，今后的注意事项等，可用简明、扼要、具体、肯定的评语作为补充。

⑤应将考查与考试成绩结合起来，计算其总成绩。其原则：一是取平时形成性评价成绩，按40％的比例计算；二是从发展的观点看问题，以最后终结性测试成绩60％为主要依据。

⑥将最终统计出来的学生成绩按等级制划分。

优秀100——85分；良好84——75分；合格74——60分；不合格60分以下

[**案例**4]

学生语文能力终结性评价记录表

项目 成绩 评价 评价 方式	平日考核 20％	期中测试 20％	期末测试 60％	综合评定 100％
语文素质等级				
学生自我评价				
教师分析				
家长问卷评价				

①学习成绩采用等级制，一至二年级：优秀100－90分；良好89－80分；及格79－60分：60分以下为不合格。三至五年级：优秀100－85分；良好84－75分；及格74－60分。60分以下为不合格。

②学生评价，教师分析，家长评价采用评语方式，定性分析。

4. 提炼形成性评价考核的结果

经过一个阶段的学习后，应该在一定的目标指导下，参照一定的标准，综合学生一系列的表现对形成性评价考核给出一个明确的结论。当然，这个结论不是给学生一个笼统的等级或分数，而是对学生的学习和发展状况进行深刻精确的描述，包括对学生成长记录袋中的数据进行提炼，根据几次关键性作业，测验或表现性任务的记录对学生学习的总体状况或其它几个方面给予描述。这样的形成性评价才能更好地发挥促进学生发展的作用，避免造成评价的空洞和流于形式。

提炼形成性评价考核的结果，基本步骤如下：

（1）首先，收集学生优势学习领域的数据和证据是很重要的；其次。还应在学生自己认为不足的领域收集数据和证据，这样，可以反映学生在一段时间内是否取得了一定的进步。

（2）对收集到的数据和证据进行分析。学校、教师要和学生一起对收集到的资料进行分析，对学生发展的成就、潜能和不足进行客观的描述。对学生的考试结果进行分析、说明和建议，并形成一个报告。需要注意的是，报告中除了客观描述的部分外，评价部分应采用激励性的语言。

在对收集到的数据和证据进行分析时，应从以下几个方面进行考虑：

①分析中应包括确认学生的成就趋势及其优势和不足；

②分析中应包括基准数据的比较；

③分析结果应清楚地描述学生的学习，并让关心这些情况的人能够非常容易地理解；

④分析结果应是对学生学习情况的全方位描述。

（3）绘制形成性评价表格

附案例：小学生语文能力形成性评价记录表

[案例]

_____学生语文能力形成性评价记录表

评价内容\指标方法\评价项目	平日语文学习记载（20%）										
	评价与指标			评价方法			评价成绩				
	知识与能力	过程与方法	情感、态度价值观	教师评价	学生本人评价	学习小组评价	A	B	C	D	
识字与写字	认清字形，读准字音，掌握字义。	借助字典认字，正确运用汉字。	书写正确、端正、整洁。								
阅读	正确理解文章内容，文字感悟能力强。	掌握正确的阅读方法，善于与人交流。	向往美好的情境，积累喜欢的语段。								
写话、习作	正确表达思想感情，方法得当。	重视材料的积累，关注修改的过程。	有写作的良好兴趣习惯。								
口语交际	有文明和谐与人交际的素养，语言生动、复述准确。	注意倾听、表达，不断提高应对能力。	乐于交际，愿与他人进行口语交际。								

评价内容 评价项目 指标 方法	平日语文学习记载（20％）					
	评价与指标			评价方法	评价成绩	
综合学习	综合学习能力强,有策划、组织、实施的能力。	能独立获取信息,处理信息,展示成果。	喜欢参与活动,善与人合作。			

注：1．"知识与能力"、"过程与方法"、"情感、态度价值观"，根据课程标准中具体年段要求，结合使用的教材，细化到年级、学期的学习要求中。

2．评价成绩可采用"展示作品"、"贴红花"、"贴星"、"加评语"等形式。

5．评语改革

评价改革是基础教育课程改革的最大难点。近年来，伴随着课程改革的深入，中小学评价与考试改革取得了突破性的进展，教师评语的内容、方法及手段等都发生了深刻的变化，这里有表面看得见的变化，更有深层次的、不易被察觉的却影响未来的变化，教师们创造着新的评价方式，用智慧诠释着评价的真正含义，在这看似平凡的评价中，升华了教育的境界，超越了传统的观念，体现了教育的本质意义。例如：

鼓励式 这类评语适用于性格懦弱、胆小、内向的孩子，教师用激励的语言，带有鼓励性的言词："相信你"、"你会做得很好"等等，使孩子在接受评价的同时，能鼓起扬帆的勇气。

例："小军，在运动会 400 米比赛中，你累得脸色苍白，可你咬紧牙关，努力拼搏，全班同学都为你喝彩。如果你在学习上能发扬这种顽强拼搏的精神，老师相信你成绩一定会顶呱呱的。"

建议式 这类评语适用于聪明好学，成绩优异的学生。好的建议，会为他们智慧的心灵打开一扇新的天窗。一方面表示出教师对他们个性的尊重，另一方面在提出建议的同时，也委婉地表达出某一方面的不足。

例："佳佳，你工作大胆、泼辣，课堂上也常常有出人意料的回答，若你能在学习上再细心一点，字再工整一点，那同学们和老师喜欢你就更上'一点'了。试试看，你会给大家一个满意的答案。"

引导式 这类评语适用于成绩较差的孩子，问题多于成绩是他们的主要特点，如何从众多的问题中发现他们的闪光点，这是教师要认真思考的。多表扬少指责，鼓励中有深意，相信如若找准切入点，一定会把他们引向科学的殿堂。

例："小敏，你很聪明，但作文成绩却一直不够理想。不过，在期末测试的作文中，你习作中选用的事例却是真实的。老师知道你用心了，老师真为你的进步高兴。记住，老师愿和你成为好朋友。"

"强强，你是个聪明、可爱、讲卫生的孩子，但你写的字感觉犹如一个歪鼻、斜眼不讲卫生的卡通娃，如果你用心、努力、持之以恒，你的字会变好的，会和你一样漂亮、好看，老师相信你。"

例："本单元我们学习了如何在语文学习中收集、整理和运用相关的信息和资料。小明通过自己的努力，能收集、积累资料，他在网上查找的资料是全班最好的，但他在运用语言资料方面有一定的困难，望继续努力。小明评定的等级是 B，这个结论不是一个笼统的等级或分数，而是对学生的学习和发展进行深刻精巧的描述，这样的评价是不是比分数、名次更能说明问题呢?"

不仅如此，随着实践的探索，教师对学生的评语已从单纯的口头、书面发展到体态动作的一些细微的领域。诸如:

教师以满腔的热情、饱满的精神、丰富的情感，对学生一个微笑、一个眼神、一个竖起大拇指的赞许、拍拍肩膀的激励、握握手的感激，都是评语的拓展，它像一丝花香，一股清泉沁人心脾，这种评价简便、直接、有效，虽然没有量表，也无法记载，但对学生的成长起着重要的作用。

总之，在对教师评语这短短不足百字的探索中，我们可以真正体现出新课程"以学生发展为本"的新理念，让每一个学生都能体验到学习的乐趣和成功的喜悦，又能从中受到启发提示和帮助，从而达到促进学生全面发展的目的。

教师们用创造书写着新的评价方式，用智慧诠释着评价的真正含义，在这看似平凡的评价中，升华了教育的境界，超越了传统的观念，体现了教育的本质意义。

(三) 小学生语文测试质量分析与改进建议

在教学评价工作中，人们都在自觉或不自觉地运用着一定的方法对事物进行衡量和判断。可以说，离开了方法，教学评价就无法进行，评价也就失去了意义，因此，选择恰当的评价方法是保证科学评价的重要前提。

按照评估的方法分类，教学评价可以分为定量分析与定性分析两种类型。

1. 定量分析

所谓定量分析，指的是采用定量计算的方法，搜集数据资料，然后用数学方法，作出定量结论的分析。其优点，对评估对象用数字描述的方法，具有量化的精确性特点，便于结果统计。其不足，有的评估项目不适合定量计算，甚至不可能用定量的方法计算。

试卷的定量分析，是通过对试卷或试题的统计分析，得出有关试卷的成绩分布、考试信度、考试效度、考试试题难度、鉴别力等数据特征，用以说明试卷质量的分析方法。

2. 定性分析

所谓定性分析，指的是采用定性的方法，对不便于进行量化的评估对象作出相应的价值判断，以达到评估的目的，这种评估方法具有对评估者进行定性描述的特点。

试卷中的定性分析，是针对考试中考生解答的具体问题，以统计方法为依托进行分析，从而得出具有普遍意义的结论。如不同地区、学校、班级、考生具体差异，考生在学习中普遍存在的问题，教学中的薄弱环节等等的分析。在语文试卷的定性分析中，要根据卷面分析、掌握的数据，明确指出学生优势和不足。例如：学生在哪些方面学习基础好，在哪些方面有问题。因为，每道试题都从某一侧面反映了学生知识技能和能力的掌握情况。

传统的试卷分析偏重于检查研究学生基础知识与技能掌握的情况，现在的评定，要在检查知识与技能的同时，分析学生智能水平和学习能力，结合其它各种调查方式，明确的分析。分析的内容有：

（1）根据《语文课程标准》年段要求检查学生对知识范围掌握

的实际情况，例如：词汇量是否丰富，语言积累是否达到一定的量。

（2）学生对所学知识的理解程度与巩固程度。

（3）学生运用知识分析问题、解决问题的能力。

例如：阅读中有独立的见解；习作中对语词的创造性运用程度；语文综合实践能力等方面。

（4）学生在试卷中反映出来的错误性质及其数量。

例如：缺点和问题是属于枝节性的，还是实质性的；是属于大多数人的问题，还是反映在个别学生身上；是在教师方面，还是在学生自身方面；是属于学习态度，还是学习方法方面的问题等。

3. 试卷定性分析与定量分析相结合

事实上，试卷的定性分析和定量分析是相辅相成的。一般来说，分析考生及教师教学的具体情况，考生答卷中的具体问题等，应以定性分析为主。但是，定性分析不可能脱离定量分析这把尺子，只有建立在定量统计分析的基础上，才能真正达到定性分析的目的。分析试题和试卷的质量，则一般侧重于定量分析。定量分析也同样离不开定性分析，经过统计分析所得出的关于成绩分布、考试信度、考试效度、试题难度及鉴别力的具体资料和指标，只有通过定性研究、分析，找出资料反映出来的问题及产生问题的原因，方可以提出改进工作的具体建议。可见，定性分析与定量分析二者不可分割，同时运用于不同性质的试卷分析之中。

无论是定性分析，还是定量分析，都需要对试卷基本情况进行统计分析。统计分析是试卷分析的主要方面。

为研究各试题的质量而进行的统计分析，主要项目如下：

（1）考试的信度分析；

（2）考试的效度分析；

（3）考试成绩分布的统计估计；

（4）试题的难度分析；

（5）试题的鉴别力指数分析；

（6）选择题各备选答案的选择情况分析。

通常情况下，进行上述分析应采取的主要步骤有：

（1）抽样。这里采用的方法是随机抽取的方法（这样的方法可以保证试卷总体中各份试卷都有被抽取的机会），最好采用分层抽样的工作步骤：①将考生分数划成若干分段。如每 10 分划一个段，即 0—9 分段；10—19 分段；20—29 分段等。②统计出各分段试卷数量。③计算各段试卷数占总试卷数的百分比。④根据确定的样本容量，按上述比例计算各段应抽样本数（各段占总试卷数的百分比乘以样本容量数）。⑤用随机抽样法，按上步计算出的份数，分别从各分数段中抽取试卷。

（2）记录并整理样本的分数。

（3）样本特征量的计算。为估计试卷总体分数分布情况，可首先计算出样本分布的两个特征量的分数平均值和标准差。画出样本分布的直方图和频数分布图。

（4）考试成绩分布的统计分析。

（5）考试信度和效度分析。

（6）试题难度和鉴别力指标分析。

（7）选择题的备选答案分析。

4. 关于考试后的改进建议

根据新课程理念，评价是为了促进学生的发展与提高。因此，在对考试结果的处理上，要求也有了很大的改变。小学实行等级制，不公布学生成绩，不排名次，全面分析学生的进步与不足，并提出改进要点，帮助学生制定改进计划。评价结果的表述，不再只是单纯的分数或等级，而是全面地刻画一个学生的学习状况，包括知识背景、经验；认知特点、思维水平、语文才能及其发展过程和语文能力倾向等，还包括一些说明和建议，如学生学到了什么，更适合学什么、做什么等。它是改进教学的一种参照，是学生终身学习历程中的一种记载。教师要极其认真慎重地对待每个学生平时考试、测验的结果，引导学生自己去分析总结，有针对性地指导学生进行富有个性的学习，在这个过程中教师也不断地分析和反思自己的教学行为。

[案例]

2003—2004 学年度第一学期期末
密山市小学语文质量监测
分析报告 (1—5 年级)

"语文素养是学生学好其他课程的基础，也是学生全面发展和终身发展的基础"。2003 年，密山市做为黑龙江省课程改革实验区之一，在全市全面启动了新课程改革实验。在试用新教材的同时，人们也期待着通过考试评价体系的突破，使课程改革起到积极的促进引导作用。带着诸多的思考，在今年的命题中，我们尝试做了以下几方面的突破。

1. 以生为本，就要多一份情趣。命题者力求站在"人文"的高起点上，给知识注入生命，使原本枯燥的试题变得灵韵飞动，使试题从内容到显现方式及卷面设计，都要有一个新的突破。

2. 以生为本，就要多一份灵活。教材是重要的课程资源，但决不是唯一的课程资源。根据新课程的基本理念，命题者力求让教材的知识点活起来，做到用教材考，而不是考教材。

3. 以生为本，就要多一份弹性。考试不是与学生为敌，考试只是评价手段中的一种。给能力不同的考生以不同的展示平台，给兴趣不同的考生以不同的表现空间，让学生的个性得到充分张扬，这是命题者力求培养学生健全人格的真正内涵。

基于这样的命题理念，今年的期末命题遵照《语文课程标准》学段目标，着眼于基本要求，紧扣教材，同时注重基础知识与基本技能的联系，注重发散思维的检测，给学生以更多的思维空间和发挥余地，并做到难易适度。

一、各年级命题意目、比例及要求

一年级试卷：主题为"小精灵大赛"。主要以课本上的知识为主。拼音、识字、写字、语文实践约占 85%，新知识约占 15%。总目标是"增强学习兴趣，掌握基础知识，突出各种能力，培养学生良好习惯，帮助孩子体验成功的喜悦。"

二年级试卷：主题为"小博士大赛"。语文基础知识（占总成绩 45%，包括拼音、汉字、词语扩展）；"积累运用"（占总成绩 40%，包括阅读理解、感悟、应用）；"写话练习"（占总成绩 15%），总目标是"打牢基础知识，增强实践意识。"

三年至五年级试卷：重点体现中高年级语文教学的特点。加大

"阅读、习作"的比重，加大语文与现实生活的联系，在语文测试中增加综合实践能力的考查。阅读、习作比重分别为 45％；50％；55％。例如：四年级试卷中第三题："才艺大亮相"——默写古诗并配画（15 分）；第四题：品味赏析——阅读（25 分）；第五题："文采大擂台"——习作（25 分）。

二、全市成绩统计

年级	总人数	平均分	及格率	优秀率	备注
一年级	2762	90.4	95.5	61.3	使用省编"注、提"教材学生除外
二年级	2849	82.8	94.3	28.6	使用省编"注、提"教材学生除外
三年级	3040	82.9	94.5	42.7	使用省编"注、提"教材学生除外
四年级	3470	77.5	89.4	33	使用省编"注、提"教材学生除外
五年级	3523	71.7	84.5	32.5	使用省编"注、提"教材学生除外

三、整体水平分析

1. 从各年级试卷看，对教材中最基本的知识点——"识字、写字"掌握的比较好，如考查中的"看拼音写汉字"、"组词"、"扩句"、"词语积累"、"按课文语句填空"等项内容，大部分学生书写正确，得分率均在 92％以上。说明教师在教学中注意把握语文教学的特点，打好识字基础。

2. "词语运用"各年级不同程度存在问题。一年级学生组句水平一般，以"写一句夸夸自己的话"为例，能通顺、流畅表达自己意思的占 62％。在中、高年级学生的写话、习作中，词语活用程度也明显地呈弱势。"学以致用"是今后教学中应重视解决的问题。

3. 阅读理解是各年级失分较多一项。初步的阅读理解能基本达到，但涉及到"个人情感体验"，"感悟语言"的思想内涵，问题暴露的比较明显。例如：二年级阅读题选用的教材是《我是什么》一课中一个自然段（由一句话组成）。

"平常，我在（池子）里睡觉，在（小溪）里散步，在（江河）里奔跑，在（海洋）里跳舞、唱歌、开大会。"

（1）我发现：

A 这段话只有（　　）句话（2分）

B 括号内词语之间的关系是由（　　）到（　　）排列的（2分）

（2）我想像出这段话中的"睡觉"、"散步"、"奔跑"、"跳舞"、"唱歌"、"开大会"分别描写了四种画面，请仿照例子用简笔画换上另外3种画面，再在横线上填写词语，概括画面内容。（9分）

例：

在赋值为13分的卷面测试中，学生平均得分率仅在6.4分。学生想像能力差，对语言的感悟能力差，反映出平时教师教学中"统得过死"。

4. "语文综合性学习"方面，还显弱势。从各年级卷面看，学生语文综合素养明显底气不足。视野狭小，思路不阔，表现在作文中的选材方面，内容干巴，有明显的局限性。

下表是1—5年级阅读题得分率表：

题型	年级	应得分数	实得分数	得分率
阅读运用	一年	24858	215436	78%
	二年	37037	18233.6	49%
	三年	54720	36480	67%
	四年	80750	38864	46%
	五年	88075	46400	54%

下表是1—5年级写句、写话、习作得分率表：

题型	年级	应得分数	实得分数	得分率
写句	一年	41430	28448.6	69％
写话	二年	4273.5	31908.8	75％
习作	三年	60800	43776	72％
	四年	86750	54826	62％
	五年	105690	66584.7	63％

以下抽样分析，以裴德镇中心小学四年级为依据，分取城小、乡村小部分学生试卷，以检测全市平均分的准确率。

表格一

	人数	总分	平均分	及格率	优秀率
抽样1	36	2616	72	75％	8％
抽样2	37	2968	80.22	91.8％	10.8％
抽样3	73	5584	76.45	83.4％	9.9％

表格二

	100	99—90	89—80	79—70	69—60	59—50	49—40	40以下
抽样1	0	3	13	9	2	5	1	3
抽样2	0	5	22	6	1	1	1	1
抽样3	0	8	35	15	3	6	2	4

四、问题归因

"语文教学要注重语言的积累、感悟和运用，注重基本技能的训练，给学生打下扎实的语文基础。同时要注重开发学生的创造潜能，促进学生持续发展。"说到底也就是要处理好基本素养与创新能力的关系。从现状来看，前部分的要求我们的老师都能做到，这从我们的"基础知识"和"积累运用"两大块得分率便可以找到答案。可见，学生在基础知识方面掌握较扎实，教师训练到位。但后者还是较薄弱的，如"四年级给古诗配画"一题，学生对画面整体布局设计能力很差，形式单调，少新意。可见学生对这一类型的题目还没掌握，或者说学生平时没什么机会接触这种训练。从一个侧面也反映了我们的老师平时注重对学生基本技能的训练，而忽视了对学生想像能力、运用能力的训练，没有真正去开发学生的创造潜能。

新课程标准的价值取向是以学生发展为本，促进学生知识、能力、态度及情感的和谐发展。《语文课程标准》首次把"要使学生具有初步的人文素养"纳入了培养目标，并提出了"语文是工具性和人文性的统一"。为体现这些新的理念，我们在命题时尽量注意试题所体现的积极的价值取向。如：四年级阅读材料《山雨》一文，是课改本教材新选篇目。文章文字清新、秀美，描写层次分明、细腻。以这样的文章为例，检验学生的学无疑是极有价值的。命题时。一改过去归纳段意、概括中心思想等旧套路，以"品读、感悟"为主。然而，学生茫然。从卷面分析看，主要是读书不认真，思考不细致，"读、思"不细，"悟"从何来？这不仅仅是阅读能力的问题，其中还包含着学生阅读习惯方面的问题。这种读书不认真的习惯一旦养成、对学生一生个性品质都会形成不良的影响。这些必须引起教师的注意。

五、改进措施

领会新精神，理顺好思路，根据新教材的编排体例和《语文课程标准》的教学要求，要特别加强整合，注重情感态度、知识能力之间的联系，致力于学生语文综合素养的整体提高。因此，我们只有深入领会新精神，不断加强学习，转变观念才能顺应现时的教学机制。从这次质量测试中，我们不难看到，有相当多的老师还停留在老路上，唯考试是从的教学思想并没有从根本上得到改变。这是与《语文课程标准》的思想背道而驰的。

对以后工作建议：

1. 扎实语文基础知识的训练，注重开发学生的创造潜能。

2. 提倡引导学生多读书、读好书，教师要向学生推荐好书，逐步培养学生的阅读能力，以丰富学生的文化积累、语言积累。

3. 多开展语文实践活动，增强学生在生活中学语文，用语文的机会，达到学以致用。

XIAOXUE YUWEN PINGJIA YU KAOSHI GAIGE

小学语文评价与考试改革 （下）

学生发展的重要基础是阅读、口语交际等能力，并进行考查

淡化考试的甄别与选拔功能，使语文考试成为促进学生发展、教师提高和改进教学实践的重要手段。

郑　丹　黄慧兰　张新光◎主编

黑龙江教育出版社

第 三 章

新课程小·学语文期末评价与考试改革

第一节 关于小学语文期末评价与考试改革的研究

小学语文评价改革是一个系统工程，涉及到观念、措施、方法、制度等方面的全面改革与构建，评价改革工作也是课程改革实施水平的重要标志。因此，建立促进小学生全面发展的评价体系，是当前我省小学语文评价改革的首要任务。

一、确定小学语文发展性测评体系的实施要求及策略

1. 设计测量记录卡。

根据制定的考查项目，建立学生人手一页的学习过程测评记录卡，随时记录他们学习过程中的每次测评情况，采取等级评定方式，评价等级用物化的标志代替，让被评价人把相关的标志粘贴在记录卡上：A（红星）、B（黄星）、C（蓝星）、D（绿星），并写上一些寄语，评价人要在卡上签字。

2. 设置测量内容。

实行分项检测，采取分项评定：字词掌握——语言积累——口语交际——阅读能力——习作能力——语文实践活动能力。在测评的形式上遵循小容量、短时间、多次数、活泼多样，强化平时的观察检测。

3. 改革测量形式。

笔试逐步做到开卷与闭卷结合。另外，还让学生用档案袋收录他们语文实践活动中的重要资料，通过检测学习活动过程，对学生的学习态度、情感等方面进行评价。

4. 自行选择置后或及时评价策略。

测评是为了促进学生发展,有两种评价方式,一是置后评价方式:批改——订正——打分;二是及时评价方式:批改——打分——订正。每次测试教师可让学生根据自己的情况选择置后或及时评价,以此满足不同学生的要求,以期能有效地激发学生的学习积极性,使测评真正变成促进学生发展的检验尺与加速器。

5. 实行差异评价性策略。

由于学生之间存在着差异性,为了让各个层次的学生都得到不同程度的发展,因此,不能以同一模式要求所有的学生,对同一答题不同的学生可获不同的等级,减轻横向比较的心理负担,旨在激励。

6. 实行评价主体多元化。

在学生测评中,实行他人评价与自我评价相结合。由教师、学生、家长三结合组成评价的组织机构,充分发挥他们的评价作用,依靠这些评价力量,使评价真正发挥其价值。

二、小学语文发展性测评的十种方法

能让学生愉快测评,达到促进学生发展之效的方法有以下一些。

1. 分项测试。

采取分项考试后,把学科的内容分为若干项目,考试的时间短,难点分散,学生参加考试的心理压力减轻,水平能得到更好的发挥。学生都感到这样的考试轻松、愉快,有助于真实学习水平的展示。

2. 矫正补考。

一次性的考试,作为终结性评价,挫伤了学生学习的积极性,让学生矫正补考,淡化了测量的结果,极大地调动了学生学习的积极性、主动性、自觉性,使测评真正成为促进学生发展的手段。

3. 挑选试题。

出不同类型的试题，让学生任意挑选，考出水平，更好地培养学生的特长，促进个性发展。

4. 开卷考试。

开卷考试，让学生感到新鲜有趣，设计出综合性较强的考卷，让学生一边学习、研究，一边答卷，既促进学生及时反馈、矫正，又达到发展的目的，更好地培养了学生综合运用知识的能力。

5. 学生出卷。

由于学生自行出卷，他们就很清楚地知道必考的内容中哪些自己没掌握，会加倍努力学习补上来。另外自己出卷考试，他们会以最大的努力考出好成绩。让一次考试成功的兴趣推动第二次成功，使学生学习兴趣不断增强，并得以长久保持。

6. 分组研答。

分小组考试，使一时没学好的学生在一起考容易点的考题，考出好成绩，可互相勉励，激发学习动机，信心百倍地学习下去；让优等生在一起考有一定难度的考题，可戒骄戒躁，向更高的目标迈进。

7. 达标考试。

考试排名次，是学生厌学的一个重要因素，特别对于小学的孩子更是如此。达标考试，减少了相当一部分学生的心理压力，让学习兴趣伴着愉快的情绪体验不断发展。

8. 等级考试。

借鉴专业技术考试方法，进行等级考试，让学生像登山一样一步一步地攀上知识的高峰，学生也很感兴趣。

9. 竞争考试。

竞争考试进一步激发学生学习的积极性与自觉性，培养学生适应社会的竞争意识，激起学生强烈的求知欲望，增大克服困难的毅力，让学生身心在较高的兴奋状态下得到锻炼，使学生进一步产生改进提高的学习愿望，激发起更高、更持久的学习兴趣，奋发向上。

10. 面批试卷。

采取面批试卷，保密成绩，即使多考几次，学生都能兴趣盎然地投入考试。有时，学生还主动要求考试，检查自己是否真的学会了。

三、小学语文期末考试改革的实践与探索

小学语文期末考试是语文教学过程中的一个重要环节，同时也是期末评价的重要依据，因此，它又是制约着当前语文教学改革的一个"瓶颈"。期末考试对教学活动具有导向性，只要考试的内容与方法不变。不管是教师还是学生都很难在教和学两方面有重大突破。我们的语文教学长期没有根本性的变革，与语文考试的内容和方法几十年的一贯制、缺乏有效的改革密切相关。所以改革语文考试的内容与方法是实施课程评价改革的一个重要方面。

2004 年，国家基础教育课程改革实验步入了一个全面发展的新阶段。各种版本新教材的编写体现了新课程标准的基本理念，受到了广大实验学校师生的欢迎，与此同时，广大教师、学生以及社会各界对评价体系，也提出了各自的期待。怎样才能更好地发挥考试的评价功能。怎样发挥考试这一评价手段对课程改革的促进与引导作用，怎样通过考试这一评价手段的突破，激发学生个性健康的发展，带着诸多的思考，我们试以义务教育课程标准实验教科书人教版、北师大版语文课本为例，就考试改革做以下方面的探索，并尝试突破。

（一）从重理性到重人文

以生为本，是新课程改革的基本理念之一。新课程着重体现了对学生情感、态度、价值观方面的培养。孩子们好奇心强、求知欲高，拒绝单调刻板。他们的年龄特色，决定了他们对学习同对生活一样，有着丰富多彩的追求。这里所说的丰富多彩，更应该是适龄学子自己喜欢的景观。从心理学上讲，任何远离孩子们生命季节，背逆他们年轮本色的风景，他们都会从心理上自然抵触，基本表现是不喜欢、没兴趣，硬逼着去做，他们会生厌，还会反抗。因此，真正的以生为本，就要按科学规律办事。命题者应站在"人文"的高起点上，密切把握儿童的精神世界，应用自身的情感和智慧给知识注入生命，用富有人文色彩的情感因素，将原本枯燥的试题变得灵韵飞动，尽可能地变"要我考"为"我要考"，使学生害怕考试、谈考色变的心理得到调整，从而艺术地顺应他们的心理需求。使试题从内容的选择到显现方式及版面设计，都要有一个新的突破。

1. **内容上的变化。**例如：以专题组织栏目《我的发现》、《展示台》、《细心的观察》等。

2. **呈现方式的变化。**例如：试卷上出现"连接语"；给学生以自信心的"提示语"；"闯关"题等。

3. **版面设计的变化。**例如：安排意境优美的情境图等。

总之，这些题型上的变化，使试卷形式上丰富多彩，内容上更体现了综合性、趣味性，使孩子们在接受知识检验的同时，又使他们受到了美的熏陶。这样的试题，不但会在视觉上给孩子们以愉悦的感受，而且在培养情感、态度、价值观方面，也能收到意想不到的效果，从而培养孩子们积极向上的人生态度。

（二）从重分数到重素养

任何事物都是有规律可循的，语文学习的规律决定了语文命题的规律。例如：字词句篇基础知识；文章的阅读、赏析能力；习作能力；口语交际能力；收集信息、处理和运用资料的能力，这些均在应测试之列。但过去命题过分注重书本，局限于就知识考知识。《语文课程标准》指出："应拓宽语文学习和运用的领域"，"使学生在不同的内容和方法的相互交叉、渗透和整合中，开阔视野、提高学习效率，使学生初步获得现代社会所需要的语文实践能力。"

根据新课程的基本理念，教材是重要的课程资源，但决不是唯一的课程资源。重素养，就是既要让教材的知识点"活起来"，又要把眼光向教材外延伸。命题做到："用教材考"而不是"考教材"。

具体地说：

1. **重素养，就要多一份灵活。**教材的涵盖面积虽小，但它的承载量却很大。抓住有效的知识点，让隐含的教育信息显现，这是命题者应着力挖掘的。

例：海上的风是花神，她一来就绽开万朵浪花。（北师大版、二年级上册）

要求：照样子说句话。

_____的风是_____，他_____，就_____。

这一设计题较好地开发了课程资源，它有意识地加强了学生现实生活、经验世界和想像世界的转变。主干的提炼，便于学生把握基本句式结构；内容的补充，丰富了语言的积累及运用，培养了学生的观察能力、想像能力和语言表达能力。

2. **重素养，就要多一点应用。**我们经常说，语文学习的外延与生活的外延相等，教材的涵盖量往往是有限的。要注重培养学生的语文素养，就要创造性地把知识向外延伸。

例:《我的伯父鲁迅先生》一课中,说"老车夫的脸"是"饱经风霜"的。

命题:请你根据自己的理解,对"老车夫饱经风霜的脸"进行扩展描写。可写片段;也可写几句话。

这是一道以语言转换为例的应用性测试题。这里不仅检查学生对词语的深刻理解,也渗透着学生对价值观的理解。

3. **重素养,就要多一些积累。**引导学生积累一定量的语言材料是语文教学的一个重要任务。经典是人类与民族文化的精华,是人类精神文明的凝聚点。引导学生从阅读积累经典入手,可以培育其高尚的审美情趣,使其从人生的一开始就占据着精神的制高点。

请看下面一道试题:

春天到了,大地从沉睡中苏醒过来了。冰消雪融,草木发芽,多种花儿竞相开放。大自然呈现一派欣欣向荣的景象,你踏着明媚的春光,漫步于田间小道,欣赏于眼前的景色。如果你是游客,你会吟咏诗句:_____;如果你是画家,你会画出诗句所描绘的景色;如果你是农民,马上会想到:_____;如果你是学生,请用你学过的诗句描绘眼前的景物:_____。

这里,考查的不仅仅是学生课内记诵的内容,它还可以调动学生自己的课内外积累、感受和体验。经典的积累,会引导学生更深厚地积淀自己的文化底蕴。

(三)从重"一统"到重"发展"

建立统一和可选择相结合的教材体系,以满足不同层次学生的需求,是新课程教材体系的基本理念之一。给能力不同的考生以不同的展示平台,给兴趣不同的考生以不同的表现空间,让学生的个性得到充分张扬,这又是培养学生健全人格的内涵。因为学生的能力发展是有弹性的。只要条件合适,谁都有潜能可挖;只要条件合话,谁都有发展的空间；只要条件合适，谁都可以进步发展。因此，在新课程理念指导下的命题原则，应当从重"一统"转向重"发展"。

检测学生的写作能力是语文测试中的重头戏。如今，对学生习作方面的探讨，议论的焦点集中在作文题是否贴近儿童的生活，是否让学生有话可说上。

实践中，一些有识之士曾做过有益的探讨，希望在命题中能给学生以更大的选材空间。

例：［习作题］（《小学毕业班模拟试卷》）。

1. 请把本册课本中你喜欢的一首古诗改写成一篇记叙文。

2. 选择自己喜欢的小动物，创编自己的童话故事。

3. 我国"神舟"五号发射成功，请以此新闻为媒介，展开想像，写一篇科幻式作文。参考题目：《我是月球新居民》、《我想发明》。

4. 可以写自己，也可以写他人；可以写个体，也可以写群体；可以写事情，也可以写人；可以写兴趣爱好，也可以写读书笔记；可以写校园生活。也可以写家庭生活……

要求：①可任选一题；②语句生动流畅，把自己想说的话写清楚。

这样的试题，为让学生写自己的生活，写出自己的喜爱提供了一个大舞台。实际上，考试不是与学生为敌，考试只是评价手段中的一种。所以从这个意义上讲，上述文体是以学生为本的。因为，让每个学生都有话可说，让不同写作能力的学生会有明显不同的答卷。那么，学生的能力、水平也将有较好的区分度。为学生提供更多的选择，这也是新理念下所倡导的"更人性"的追求。

因此，只要我们具有培养学生创新能力的意识，就能在常规上做文章，就能把"窄题"放宽，把"死题"救活。只要我们勇于打破学校与社会及现实生活的壁垒，逐渐做到"活、新、宽、真、实"，那么，检测将是一种充满活力的评价活动。

第二节 小学低年级语文测试卷改革例说

一、小学低年级语文测试卷编制的具体要求、方法

（一）测试内容应正确把握语文课程标准阶段目标的要求及教材特点

学生在小学阶段的语文学习，在课程标准中划分为三个学段，即第一学段（1—2年级），第二学段（3—4年级），第三学段（5—6年级）。根据这一划分，"标准"对不同学段又提出了具体的阶段目标。这就要求评价者在测查中，在对语文课程标准总目标的把握基础上，准确把握第一学段目标，设计测查内容。例如，课标对第一学段学习汉语拼音的要求是"学会汉语拼音。能读准声母、韵母、声调和整体认读音节，能准确地拼凑音节，正确书写声母、韵母和认识大写字母，熟记《汉语拼音字母表》。"而这一目标，是要求在两年内要达到的，而不是一年级第一学期就达到的，弹性较大。当前，我国在统一课程标准的前提下，小学语文教材执行的是一标多本。因此，在使用不同版本教材的情况下，对不同版本的拼音教学目标应注意区分，准确把握。例如，人教版教材把一年级上学期拼音教学的目标确定为："能借助汉语拼音认读汉字，学习普通话；学会汉语拼音，能读准声母、韵母和音节；能准确地拼读音节。正确书写声母、韵母和音节。"而北师大版小学语文一年级（上册）要求，第一学期只要能读准声母、韵母、声调和整体认读音节。能准确地拼读音节即可。书写声母、韵母和音节则放在后三个学期进行。如果我们对教材不熟悉，不能准确地把握其教学目标，还根据以往的经验，不根据教材的进度安排测试内容，在一年级上学期，既考查学生汉语拼音的拼读，又考查书写，那就会出现严重错误。

（二）评价内容应体现教材知识与能力的重点

语文课程标准指出：识字写字是阅读和写作的基础，是一至二年级的教学重点。这就告诉我们，第一学段的教学重点就是识字写字。从评价测试的内容、比例来看，识字写字就应适当加大其比重，而阅读、写话及其他内容则应适量。在教材的编写中，不同教材又针对不同的学期，对识字写字这一教学重点，分别予以体现。例如：北师大版教材要求在第一学期会认字 363 个，会写 160 个字；人教版第一学期，要求认识常用汉字 400 个，其中 100 个会写。可见认与写不仅数量不同，而且字种各不相同。但是，各类教材对识字教学重点的设定不仅放在认与写方面，大都要求掌握一定的识字方法，培养独立识字的能力，这一点是相同的。如：北师大版小语二年级（上册）教材中，编排了《丁丁冬冬学识字》一至三，其中有很多偏旁部首的归类识字，考查时就可以设计这样的题目，体现教材的重点。"我能帮助这些小淘气找到自己的家，还能让它们家来更多的客人。"

人教版教材二年级上册，识字写字任务主要安排在"识字"和"课文"的后面，"语文园地"里也安排了要求认的字，用"我会认"的图标标示，并以生字条的形式出现。要求认的 450 个生字，绝大多数是常用字。要求会写的字，做到了识写同步，在编排上有一定的规律，由易到难，便于学生识记，注意了字型或结构上的联系，体现了规律性，有利于识字能力的培养。

（三）评价测试的形式要新颖，突出人文性，能够激发学生学习兴趣

根据第一学段学生年龄和心理特点，考查题目的设计要尽量新颖、生动形象，有人文色彩，以体现答卷也是学习语文的过程，让学生在宽松有趣的兴奋状态下，较好地发挥自己的语文水平，较好

地展示语文学习的综合素养。

1. 创设一个整体情境，体现卷面的完整和统一。

可创设"语文天地漫游"、"黑龙江旅游"、"语文城堡探险"等情境，将考查内容巧妙有机地组合成一个整体，激发学生答题乐趣。

2. 以第一人称"我"的口吻，提出题目要求。

为突出卷面的人文色彩，注意学生自身潜力的挖掘，树立学生答题信心，可以用"我会拼读，我能写好"、"看我写得多棒"、"通过阅读，我读懂了"等以"我"的口吻出现的题目要求，让学生产生亲切感，调动学生答题的积极性，找到"我能行"的感觉。

3. 图文并茂，形式多样，使学生乐此不疲。

题目的形式应与教材保持一致，有文字，有图画，有色彩，有趣味。同时调动多种感官，手脑并用，激发学生答题的兴趣。题目要求有拼读、有抄写、有连线、有画图标，涂色彩等等，各种新颖的形式，有趣的图形，让学生喜观乐见，寓教于乐，让学生在轻松愉快中考查，将语文学习看作是一种乐趣。

（四）评价内容要具有开放性、综合性

"努力建设开放而有活力的语文课程"是新课程改革的基本理念之一。评价改革应体现这一理念特点，设计卷面考查内容时，也应注意体现试题内容的开放性与综合性。

1. 课内与课外结合，扩大语文学习的范围，提高学习语文的能力。

除了考查课内知识与能力重点外，结合课内知识，适当提供课外阅读内容，考查学生运用知识学习语文的能力。如：根据北师大版小语教材二年级（上册）教材中学习用部首查字典，学习生词以及大致理解课文意思的学习内容时，设计如下阅读考查题：

看！小动物们在这讨论呢。阅读《家》后，请你也参加活动。

★"鹊"字按部首查字法，先查（　　）画（　　）部，再查（　　）画。

★"亲亲热热"、"甜甜蜜蜜"这样的词语，我也会写：

＿＿＿＿＿、＿＿＿＿＿、＿＿＿＿＿

★我读懂了，家是一个（　　　）、（　　　）、（　　　）、（　　　）的地方。

2. 语文学习与生活紧密联系，使语文学习成为学生生活之必需。

新的教育理念倡导语文学习要与现实生活紧密相联，让学生在生活中学语文，用语文，不断促进学生语文能力的提高和发展。生活处处有语文，考查时可以将语文与生活联系在一起，设计如下的内容：

（看图）丁丁和冬冬要去看动物，来到了十字路口，迷路了，请你观察他们周围的环境（有路标提示牌）告诉丁丁和冬冬，他们应该向哪里走？（考查看路标和生活中观察识字的能力）

3. 语文学科与其他学科沟通，培养学生综合素养。

语文学习是学生学习其他学科的基础，语文学科是基础学科。因此，在学习语文的同时，要注意与其他学科的沟通与整合，以全面提高学生的综合素养。考查时，也应有这方面的内容。北师大版小语二年级（上册）第三单元《祖国在我心间》一课中，有看地球仪找"中国"、"北京"、"台湾"的内容。我们就可以把这一内容与社会学科整合，设计这样的试题：

看地图，画一画，填一填。

★我在首都北京那里画个五角星。

★我住在＿＿＿＿＿省，＿＿＿＿＿市，我在地图上找到了，画个"●"。

★我把台湾岛涂上颜色。

4. 既要面向全体，又注重差异，让所有学生都能得到发展。

设计评价试题时，既要有全体学生都能答好的题，也要注意学生的语文程度、水平的差异，设计开放灵活的内容，满足不同层次学生的需要，促进所有学生发展。

附：义务教育课程标准实验教科书（人教版）语文一年级上册
期末测评意见

一、测评对象："使用义务教育课程标准实验教科书（人教版）"的一年级学生。

二、测评时间：本学期期末。

三、测评内容

①测评学生能否准确地拼读汉语拼音音节。②测评学生能否准确地认读教材中要求认的字。③测评学生能否正确、整洁、美观地书写教材中要求写的字。④测评学生课外认字情况。

四、测试方法

1. 拼读音节的测试方法。

（1）在前次汉语拼音测试中获得五颗星的学生可以免测此项。

（2）使用四年级以上各册语文教科书后的生字表，让学生认读生字上的音节。

（3）可以从生字表中的任何一行开始让学生认读。认读 50 个音节，统计认读的正确率。

（4）学生拼读时，教师不催促，不作提示，只对读错的音节作上记号。如果学生开始拼错，后又自行纠正，应视为正确。

（5）测试个别进行。可由教师进行测试，也可培训几个高年级学生帮助测试。

（6）测试开始时的指导语："请你从这一行开始拼读生字上的拼音，要看清楚，读正确。"

2. 生字的测试方法。

（1）利用编写的由生字组成的短文让学生认读。可提供八篇短文，学生用抽签的方式决定读哪一篇。

（2）每篇供测试的短文均含所学生字 100 个以上，少数几个未学过的字加注拼音。学生认读时教师不催促，不作提示，只对读错的字作上记号。学生开始读错，后又自行纠正，应视为正确。加注拼音的字学生如果读错，不在统计之列。

（3）测试个别进行。可由教师进行测试，也可培训几个高年级学生帮助测试。

（4）测试开始时的指导语："请你准备一下，把这篇文章读一读，要看清楚，读正确。"

3. 写字的测试办法。

可提供6份测试卷。每份测试卷由书写难度大体相当的8个汉字组成。学生随机抽取其中的一份，在田字格中抄写。

4. 课外认读生字的测试办法。

学生用剪报、搜集商标等多种方式向教师展示并读出自己在课外认的字。

五、评价方法

1. 拼读音节的评价方法。

姓名	50个 全部读对 ★★★★★	读错 1—5个 ★★★★	读错 6—10个 ★★★	读错 11—15个 ★★	读错 16—20个 ★	读错 20个以上 暂不得星

2. 认读生字的评价方法。

姓名	全部读对 ★★★★★	读错 1—10个 ★★★★	读错 11—20个 ★★★	读错 21—30个 ★★	读错 31—40个 ★	读错 41个以上 暂不得星

3. 写字的评价方法。

对书写汉字的测试成绩以给"星"的方法进行评价，要求从严。教师先翻阅全班学生的测试卷，把握全班学生的整体水平，做到心中有数，再根据具体情况评定等级。

姓名	正确规范美观 ★★★★★	2个字写不好 ★★★★	3个字写不好 ★★★	4个字写不好 ★★	5个字写不好 ★	6个字以上（含6个字）写不好暂不得星

六、统计分析

本次测评的主要目的是为了检验、改进学生的语文学习和教师的教学。测评后可以从两个方面进行统计分析。

（一）对学生个人学习情况进行记载和分析，作为学生语文学习情况的档案资料。

_____学校一年级_____班学生语文学习成绩登记表

测试时间：_____年_____月

序号	姓名	汉语拼音	课内认字	写字	课外认字	备注
1						
2						
3						
4						
……						

说明：汉语拼音、课内认字、写字成绩用"星"表示；课外认字用认字数表示。

（二）对全班学习情况进行统计和分析，找出成功之处和薄弱环节，及时采取补救措施，并改进和完善今后的教学。

表一：

_____省_____市_____学校一年级____班学生语文学习成绩统计表

班级总人数：____人　　测试时间：____年____月

成绩 项目	五颗星		四颗星		三颗星		两颗星		一颗星		未得星		平均 得星
	人数	比例	人数	比例	人数	比例	人数	比例	人数	比例	人数	比例	
汉语 拼音													
课内 认字													
写字													

表二：

_____省_____市_____学校一年级____班学生课外认字统计表

班级总人数：____人　　测试时间：____年____月

认字 数	1000字 以上	500— 999字	400— 499字	300— 399字	200— 299字	100— 199字	50— 99字	0—49字
人数								
比例								
备注	最多认字____个；最少认字____个；平均每人认字____个。							

注①"期末测评意见"由人民教育出版社小语室制定，选用时有删改。

②供学生使用的各种测试卷、短文等可自行编制，也可到人教网站查询。

义务教育课程标准实验教科书（人教版）语文一年级下册

期末测评意见

一、测评对象：使用"义务教育课程标准实验教科书（人教版）"的一年级学生。

二、测评时间：本学期期末。

三、测评内容

①测评学生能否准确地认读教材中要求认的字。②测评学生能否正确、整洁、美观地书写教材中要求写的字。③测评学生课外认字情况。④测评学生是否能正确、流利、有感情地朗读学过的课文。⑤测评学生是否乐于表达。

四、测试方法

1. 生字的测试方法。

（1）利用编写的由生字组成的短文让学生认读。可提供八篇短文，学生用抽签的方式决定读哪一篇。

（2）每篇供测试的短文均含有本学期所学生字 100 个。少数几个未学过的字加注拼音。学生认读前可稍作准备，认读时教师不催促，不作提示，只对读错的字作上记号，学生开始读错，后又自行纠正，应视为正确。加注拼音的字学生如果读错，不在统计之列。

（3）测试个别进行。可由教师进行测试，也可培训几个高年级学生帮助测试。

（4）测试开始时的指导语："请你准备一下，把这篇文章读一读，要看清楚，读正确。"

2. 写字的测试方法。

（1）抄写汉字。可提供 6 份测试卷，每份测试卷由书写难度大体相当的四个汉字组成。学生随机抽取其中的一份，在田字格中抄写。

（2）看拼音写词语。提供 1 份测试卷，写 10 个词语。

3. 课外认读生字的测试方法。

学生用剪报、搜集商标、出示课外认字本等多种方式，向教师展示并读出自己在课外认的字。

4. 朗读的测试方法。

从本学期学过的 10 篇课文中挑选 10 段，即为 10 份测试卷。学生用抽签的方式决定读哪一段。

5. 口语表达的测试方法。

学生自由组合成 4—6 人的讨论小组，从事先准备好的若干题目中抽取一个讨论题目进行讨论。

五、评价方法

1. 认读生字的评价方法。

姓名	读错 1—5 个字 ★★★★★	读错 6—10 个字 ★★★★	读错 11—20 个 ★★★	读错 21—30 个 ★★	读错 31—40 个 ★	读错 41 个以上暂不得星

2. 写字的评价方法。

（1）对书写汉字的测试成绩以给"星"的方法进行评价，要求从严。教师先翻阅全班学生的测试卷，把握全班学生的整体水平，做到心中有数，再根据具体情况评定等级。

姓名	正确规范美观 ★★★★★	2 个字写不好 ★★★★	3 个字写不好 ★★★	4 个字写不好 ★★	5 个字写不好 ★	6 个字以上（含 6 个字）写不好暂不得星

（2）看拼音写词语。

共写 24 个字。

姓名	写对 24 个字 ★★★★★	写对 20 个字 ★★★★	写对 16 个字 ★★★	写对 12 个字 ★★	写对 8 个字 ★	写对不足 8 个字暂不得星

3. 课外认读生字的评价方法。

教师记录学生课外认字的具体数目（指教科书要求认识的 400 个字以外的字，相同的字只算一个）。

4. 口语表达的评价方法。

小组的学生讨论时，教师注意观察，根据学生发言的积极性，与小组成员合作的情况，口语交际的态度，口语表达是否清楚明白以及平时在这方面的表现等对每个成员做出评价。由学生自评、同学互评、教师评价相结合，对学生进行星级评定（最高为 5 颗星）。

5. 教师评价学生朗读得是否正确、流利、有感情，进行星级评定（最高为 5 颗星）。

六、统计分析

本次测评的主要目的是为了检验、改进学生的语文学习和教师的教学。测评后可以从两个方面进行统计分析。

（一）对学生个人学习情况进行记载和分析，作为学生语文学习情况的档案资料。

_____学校一年级____班学生语文学习成绩登记表

测试时间： 年 月

序号	姓名	课内认字	写字	看拼音写词语	朗读	口语表达	课外认字	备注
1								
2								
3								
4								
……								

说明：课内认字、写字、看拼音写词语、朗读、口语表达成绩用"星"表示；课外认字用认字数表示。

（二）对全班学习情况进行统计和分析，找出成功之处和薄弱环节，及时采取补救措施，并改进和完善今后的教学。

表一：

_____省____市_____学校一年级____班学生语文学习成绩统计表

班级总人数： 人 测试时间： 年 月

成绩项目	五颗星		四颗星		三颗星		两颗星		一颗星		未得星		平均得星
	人数	比例	人数	比例	人数	比例	人数	比例	人数	比例	人数	比例	
课内认字													
写字													
看拼音写词语													
朗读													
口语表达													

表二

_____省_____市学校一年级____班学生课外认字统计表

班级总人数：　　　人　　　测试时间：　　　年　　月

认字数	1000字以上	500—999字	400—499字	300—399字	200—299字	100—199字	50—99字	0—49字
人数								
比例								
备注	最多认字　　　　个；最少认字　　　　个；平均每人认字　　　　个。							

注：①"期末测评意见"由人民教育出版社小语室制定，选用时有删改。

②供学生使用的各种测试卷、短文等可自行编制，也可到人教网站查询。

义务教育课程标准实验教科书（人教版）语文二年级上册
期末测评意见

一、测评对象：使用"义务教育课程标准实验教科书（人教版）"的二年级学生。

二、测评时间：本学期期末。

三、测评内容

①测评学生能否准确地认读教材中要求认的字。②测评学生能否正确、整洁、美观地书写教材中要求写的字。③测评学生课外认字情况。④测评学生掌握词语的情况。⑤测评学生能否正确、流利地背诵教材中指定背诵的课文。⑥测评学生是否乐于表达。⑦测评学生能否写几句通顺的话。

四、测试方法

1. 认字的测试方法。

（1）利用编写的由生字组成的短文让学生认读。可提供6篇短文。学生用抽签的方式决定读哪一篇。

（2）每篇供测试的短文均含有本学期所学生字 80 个。少数几个未学过的字加注拼音。学生认读前可稍作准备，认读时教师不催促，不作提示，只对读错的字作上记号，学生开始读错，后又自行纠正，应视为正确。加注拼音的字学生如果读错，不在统计之列。

（3）测试个别进行。可由教师进行测试，也可培训几个高年级学生帮助测试。

（4）测试开始时的指导语；"请你准备一下，把这篇文章读一读，要看清楚，读正确。"

2. 写字的测试方法。

（1）抄写汉字。可提供 6 份测试卷，每份测试卷由书写难度大体相当的 10 个汉字组成。学生随机抽取其中的一份，在田字格中抄写。

（2）看拼音写词语。可提供 1 份测试卷，写 10 个词语。

3. 课外认读生字的测试方法。

学生用剪报、搜集商标、出示课外认字本等多种方式，向教师展示并读出自己在课外认的字。

4. 词语的测试方法。

组词语。可提供 1 份测试卷，用 6 个字各组两个词语。

5. 背诵的测试方法。

从本册教材指定背诵的课文中选 8 篇课文，可提供 8 份测试卷。学生用抽签的方式决定背诵内容。

6. 口语表达的测试方法。

采取学生自评、同学互评、教师评价相结合的方式进行评定。

7. 写话的测试方法。

可捷供两个题目，由学生任选一题。不会写的字（没要求写过的字）可以问老师，也可以用拼音代替。

五、评价方法

1. 对认读生字的测试成绩以给"星"的方法进行评价。

认读生字的评价方法

姓名	读错 1—5个字 ★★★★★	读错 6—10个字 ★★★★	读错 11—20个 ★★★	读错 21—30个 ★★	读错 31—40个 ★	读错41 个以上暂 不得星

2. 写字的评价方法。

(1) 对书写汉字的测试成绩以给"星"的方法进行评价，要求从严。教师先翻阅全班学生的测试卷，把握全班学生的整体水平，做到心中有数，再根据具体情况评定等级。

姓名	正确规 范美观 ★★★★★	2个字 写不好 ★★★★	3个字 写不好 ★★★	4个字 写不好 ★★	5个字 写不好 ★	6个字以上 (含6个字) 写不好 暂不得星

(2) 看拼音写词语。

共写 24 个字。

姓名	写对 24个字 ★★★★★	写对 20个字 ★★★★	写对 16个字 ★★★	写对 12个字 ★★	写对 8个字 ★	写对不 足8个字 暂不得星

3. 课外认读生字的评价方法。

教师记录学生课外认字的具体数目。(指前三册教科书要求认识的字以外的生字,相同的字只算一个)

4. 词语的评价方法。

组词语。

姓名	写对 12 个词语 ★★★★★	写对 10 个词语 ★★★★	写对 8 个词语 ★★★	写对 6 个词语 ★★	写对 4 个词语 ★	写对不足 4 个词语 暂不得星

5. 背诵的评价方法。

姓名	背诵得正确、流利 ★★★★★	错误 2 处 ★★★★	错误 3 处 ★★★	错误 4 处 ★★	错误 5 处 ★	错误 6 处 (含 6 处) 暂不得星

6. 口语表达的评价方法。

先分小组进行学生自评、同学互评,教师再根据学生平时课堂发言的积极性及口语表达能力并参考学生的评价意见,对被评者进行星级评定(最高为 5 颗星)。

7. 写话的评价方法。

对学生写话的评价要和学生平时的表现结合起来。平时对写话有兴趣的(如经常写日记等),给加一颗星。

姓名	句子通顺，无错别字 ★★★★★	句子通顺，错别字在2个以内 ★★★★	句子通顺，错别字在5个以内 ★★★	句子通顺，错别字在8个以内 ★★	句子不通顺，错别字在8个以内 ★	句子不通顺，错别字在8个以上的暂不得星

六、统计分析

本次测评的主要目的是为了检验、改进学生的语文学习和教师的教学。测评后可以从两个方面进行统计分析。

（一）对学生个人学习情况进行记载和分析，作为学生语文学习情况的档案资料。

_____省_____市_____学校二年级_____班学生语文学习成绩统计表

测试时间：　　　年　　月

序号	姓名	课内认字	写字	看拼音写词语	组词语	背诵	口语表达	写话	课外认字	备注
1										
2										
3										
4										
……										

说明：课内认字、写字、看拼音写词语、组词语、背诵、口语表达、写话成绩用"星"表示；课外认字用认字数表示。

（二）对全班学习情况进行统计和分析，找出成功之处和薄弱环节，及时采取补救措施，并改进和完善今后的教学。

表一：

_____省_____市_____学校二年级_____班学生语文学习成绩统计表

班级总人数：　　人　　测试时间：　　年　　月

成绩项目	五颗星		四颗星		三颗星		两颗星		一颗星		未得星		平均得星
	人数	比例	人数	比例	人数	比例	人数	比例	人数	比例	人数	比例	
课内认字													
写字													
看拼音写词语													
朗读													
背诵													
口语表达													
写话													

表二：

_____省_____市_____学校二年级_____班学生课外认字统计表

班级总人数：　　人　　测试时间：　　年　　月

认字数	1000字以上	500—999字	400—499字	300—399字	200—299字	100—199字	50—99字	0—49字
人数								
比例								
备注	最多认字　　个；最少认字　　个；平均每人认字　　个。							

注：①"期末测评意见"出自人民教育出版社小学语文室，选用时略有删改。

②供学生用各种测试卷、短文等可自行编制，也可到人教网站查询。

义务教育课程标准实验教科书（人教版）语文二年级下册

期末测评意见

一、测评对象： 使用"义务教育课程标准实验教科书（人教版）"的二年级学生。

二、测评时间： 本学期期末。

三、测评内容与测试方法

以下提供的测评内容，教师在使用过程中，不必将所有项目逐一进行测试，可以根据教学实际进行选择。所提供的测试方法，可以根据测试实际灵活运用。

（一）识字与写字

1. 测评学生能否准确地认读教材中要求认的字。

（1）教师在检测之前，编写包含本册教材中要求会认的生字的句子。每个句子不宜太长，一般含有四——五个生字。每十个句子为一组，一共编三组，学生抽签认读其中的一组。

（2）学生认读前可稍作准备，认读时教师不催促，不作提示，只对读错的字作上记号。学生开始时读错，后又自行纠正，应视为正确。

（3）测试个别进行。可由教师进行测试，也可培训几个高年级学生帮助测试。

（4）测试开始时的指导语："请你准备一下，把这些句子读一读，要看清楚，读正确。"

2. 测评学生书写教材中要求会写的字，看字写得是否正确、端正、美观。

（1）抄写汉字。试卷由书写难度大体相当的 10 个汉字组成，学生借助样字在田字格中抄写。

（2）看拼音写词语。提供 10 个词语的拼音（不仅限于两个字的词语），学生在田字格中书写。所提供的词语应该是日常读写中使用频率比较高的。本测试意在考查学生认读拼音和书写词语的能力。

（3）听写学过的词语。提供 10 个词语，由老师读词语，学生在田字格中听写。本测试题难度较大，意在考查学生的注意力、听力和书写词语的能力。

3. 测评学生课外认字情况。

学生用剪报、搜集商标、出示课外认字本（卡）等方式，向教师展示并读出自己在课外认的字。

4. 测评学生对偏旁的熟悉程度，以及对要求会写的字的掌握情况。

教师提供常见偏旁若干种，如单立人、提手旁、三点水、走之旁，由学生写出带有相同偏旁的字（写出要求会写字以外的字，教师应予以鼓励）。

5. 测评学生能否正确运用音序查字法和部首查字法。

（1）教师提供 3—5 个在本册教材中学过的生字，考查学生是否掌握了音序查字法。

（2）教师提供 3—5 个在本册教材中未学过的生字，考查学生是否掌握了部首查字法。

6. 测评学生能否区分形近字（包括同音字）。

教师提供 5 组 10 个已经学过的形近字（包括同音字），由学生通过组词进行区分。

（二）词语

1. 测评学生能否根据日常积累列举反义词。

（1）教师提供 6 组反义词，打乱顺序，请学生一一找出，并对应排列。

（2）教师提供 6 个词语，请学生找出对应的反义词。难度比第一种要大。

（3）教师提供 6 个包含反义词的成语，如"大惊小怪"，将反义词中的一个留空，请学生补充完整。本测试意在考查学生日常积累词语的情况和对反义词的理解能力。

2. 测评能否正确区分近义词。

教师提供几个句子，请学生选择合适的近义词填空。

3. 测评学生能否准确地搭配词语。

教师可用填空法或连线法进行测试。如：

（　　）的春光　　　美好的　　　　窗户

（　　）地说　　　　打开　　　　　说

打开（　　）　　　　高兴地　　　　春光

可选其中的一类或两类出题。

（三）阅读理解

1. 测评学生是否能正确、流利、有感情地朗读课文，背诵课文。

（1）从本学期学过的课文中挑选若干片段。学生用抽签的方式决定读哪个片段。

（2）从本学期要求背诵的课文中选取若干片段（包括全文），学生用抽签的方式决定背诵哪一部分。

2. 测评学生能否初步理解阅读材料。就自己感兴趣的内容交流感受和想法。

（1）为学生提供与课文难度相当的短文，请学生读完后回答问题。问题不要超出学生的实际水平。提出的问题与下面的问题相类似：文中讲了几个人（动物）？他们之间发生了一件什么事？这件事是在什么地方、什么时候发生的？你最喜欢文中的哪个人（动物）？为什么？回答的方式可以是书面的，也可以是口头的。

（2）可以与测试写字相结合，请学生抄写短文中自己喜欢的词语或句子。

（四）口语交际

测评学生是否关心周围的事物，特别是现实生活，是否能就某个话题联系生活实际发表看法并与同学展开交流。

（1）教师自主设计密切联系学生生活实际的话题，然后学生自由组合成 6—8 人的小组，每组抽取一个话题进行口语交际。现提供部分参考话题如下：

A 这学期我们又有了哪些进步？

B 你最喜欢语文课本中的哪篇课文？为什么？

C 你的父母要求你每天抄写一篇课文，可是你不愿意，你怎样劝说父母？

D 班里有个同学常常借别人的东西，每次都不能按时归还，我们怎么帮助他改掉这个坏习惯？

E 前一段，全国人民抗击"非典"，涌现出许多感人的事。请围绕这个方面展开交流。

F 暑假以后，我们就要升入三年级了，请说说自己在新学期的打算。

（2）参考学生平时在口语交际课和在阅读课上答问、质疑的表现，为学生的口头表达能力做出综合评价。

（五）写话

测评学生能否就自己感兴趣的内容写话。

测试方法：

（1）教师为学生提供图片，要求学生观察图片写话。

（2）要求学生简单写写生活中印象最深的事。

（3）要求学生把对父母、伙伴等人最想说的话写下来。

（4）要求学生简单介绍自己的校园。

（5）要求学生写写自己的课余生活。

（6）写其他自己想写的内容。

（六）听力

测评学生的听话能力。

（1）用于测试的材料可以是整段的文字，也可以是一个个句子。

（2）学生在听读后，回答问题。如，这段话讲了一件什么事？都有什么人（动物）？这件事是在什么时间、什么地方发生的？你听了有什么想法？回答可以采用答题或填空的形式。

（3）如果测试材料是一个个句子，可以提供一些填空练习。注意：教师朗读或播放录音，语速不宜太快，一般读2—3遍。

（七）古诗的背诵、默写和拓展

1. 测评学生能否背诵、默写已经学过的古诗。

如果诗中没有学生不会写的字，要求学生全文默写。如果有未要求写的字，可以采用填空的形式，填词语或填诗句。

2. 测评学生课外积累的古诗。

（1）学生可以背诵课外积累的古诗。

（2）除了古诗以外，名言警句、成语、对联、三字经的片段等也可以。

四、评价方法

本次测试的主要目的，是为了解学生的语文学习情况，改进教师的教学。因此，本学期的评价应包括平时的评价和期末的评价。对期末测试的评价，建议采用量化的办法，即通过具体的分数进行测量与分析。建议每项测试内容为5分，总的分数以所测试的项而定。

在对一项具体测试内容进行评价时，教师不得将5分平均到每一个具体内容中去，比如，考查学生10个生字，不是1个生字的分值为 0.5 分。教师可以根据每一项测试内容的多少，划定不同的范围，然后酌情评定每一个范围对应的分数，比如，要求学生写出 10 个带有"木"字旁的字，那么，学生写出 8—10 个这样的字，分数可以确定为 5 分，写出 6—8 个这样的字，分数可以确定为 4 分。

评价方法举例：

1. 识字的评价方法。

教师可以采用上述识字的测评内容、测试方法中的任何形式，考查任意一项或几项内容。读错生字的得分评价方法如下：

识字总评为 5 颗星

姓名	读错 1—5 个字 ★★★★★	读错 6—10 个字 ★★★★	读错 11—20 个 ★★★	读错 21 个以上暂不得星

＊教师要注意，与以往的认字情况相比较，学生发生了哪些变化。

2. 写字的评价方法。

教师可以采用上述写字的测评内容、测试方法中的任何一种形式，考查任意一两项内容。写错生字的得分评价方法如下：

写字总评为 5 颗星

姓名	正确规范美观 ★★★★★	写错 1—2 个字 ★★★★	写错 3—4 个字 ★★★	写错 5 个以上暂不得星

＊教师要注意，与以往的写字情况相比较，学生发生了哪些变化。

3. 课外认读生字的评价方法。

教师根据学生课外的认字量，给学生加星。

姓名	课外认 20 个生字以上可多得 ★★★★★	课外认 16—20 个生字可多得 ★★★★	课外认 11—15 个生字可多得 ★★★	课外认 6—10 个生字可多得 ★★	课外认 1—5 个生字可多得 ★

＊教师要注意，与以往的课外认字情况相比较，学生发生了哪些变化。此评价方法仅用于本次测试，与本学期课外识字总量的考查不能等同。

4. 词语搭配的评价方法。

词语搭配总评为 5 颗星

姓名	词语全部搭配正确 ★★★★★	搭配正确 4—5 个 ★★★★	词语搭配正确 3 个 ★★★	词语搭配正确 2 个以下暂不得星

＊教师要注意，与以往的词语搭配情况相比较，学生发生了哪些变化。

5. 阅读理解的评价方法。

对低年级阅读理解能力的评价，主要考查以下内容：

（1）读后能否初知内容。如，事情发生的时间、地点、讲了谁和谁的事情。

（2）能否对阅读内容进行简单的评价。如，写出自己最喜欢的词或句，说说自己最喜欢的人物（动物）。

（3）能否用自己的话复述故事。

以上评价内容，总分为5分。教师要求不宜过高。

＊教师要注意，与以往的阅读情况相比较，学生发生了哪些变化。

6. 口语交际的评价方法。

对低年级口语交际的评价，主要考查以下内容：

（1）参与交流是否踊跃积极。

（2）能否清楚、明白地表达自己的意思。

（3）考查是否有良好的交际习惯，如，认真倾听别人的发言，说话自然大方、有礼貌。

（4）与交流群体的协同与合作。

评价结果可由自己、同学、教师三方商定，对学生进行综合评价。以上四项评价内容，总分为5分。教师要求不宜过高。

＊教师要注意，与以往的口语交际情况相比较，学生发生了哪些变化。

7. 写话的评价，主要考查以下内容：

（1）学生能否就给定的写话范围写话。

（2）语句是否完整、通顺，意思是否明白。能否正确使用句号、问号、叹号。

（3）字能否写得正确、端正。

以上三项评价内容，总分为5分。教师要求不宜过高。

＊教师要注意，与以往的写话情况相比较，学生发生了哪些变化。

8. 听力的评价方法。

对低年级听力的评价，主要考查以下内容：

（1）能否听清楚讲话的内容。

（2）能否初步了解主要内容。

（3）能否用自己的话复述听到的内容。

以上三项评价内容，总分为5分。教师要求不宜过高。

* 教师要注意，与以往的听力情况相比较，学生发生了哪些变化。

五、统计分析

对于测试结果的统计分析主要从以下两个方面进行。

（一）对全班学习情况进行统计和分析，找出成功之处和薄弱环节，及时采取补救措施，并改进和完善今后的教学。

表一：

_____省_____市_____学校二年级_____班学生语文学习成绩统计表

班级总人数：　　人　　测试时间：　　年　　月

成绩项目	5分		4分		3分		2分		1分		未得分		平均得分
	人数	比例	人数	比例	人数	比例	人数	比例	人数	比例	人数	比例	
课内认字													
写字													
看拼音写词语													
阅读理解													
口语交际													
……													

表二：

_____省_____市_____学校二年级_____班学生课外认字统计表

班级总人数：　　人　　测试时间：　　年　　月

认字数	1000字以上	500—999字	400—499字	300—399字	200—299字	100—199字	50—99字	0—49字
人数								
比例								
备注	最多认字_____个；最少认字_____个；平均每人认字_____个。							

（二）对学生个人学习情况进行记载和分析，作为低年级阶段语文学习情况的档案资料。

_____学校二年级_____班学生语文学习成绩登记表

测试时间：　　年　　月

序号	姓名	课内认字	写字	词语	阅读理解	口语交际	写话	听力	课外认字	备注	……
1											
2											
3											
4											
……											

说明：①上表中的测试内容可根据实际的测试情况进行增减。

②"期末测评意见"由人民教育出版社小语室编制，选用略有改动。

二、小学低年级语文测试卷案例

语文游乐园

一年级的小朋友们：

请你准备好铅笔和彩笔，先在指定的地方写上班级、姓名。游戏马上开始了，看看谁在游戏中表现得最棒！

题号	第一关	第二关	第三关	第四关	优秀	良好
成绩						

游戏第一关：拼音乐园

1. 找朋友（10个点）

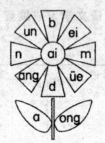 

声母 _____

韵母 _____

2. 快用笔连一连，一定要相信自己！（8个点）

xiǎo huā māo   mǔ jī   luó bo   yǔ sǎn

（2）电视   飞机   老师   早晨

lǎo shī   zǎo chén   diàn shì   fēijī

3. 快点找一找，把整体认读音节写在四线格里，看看谁写得好！（8个点）

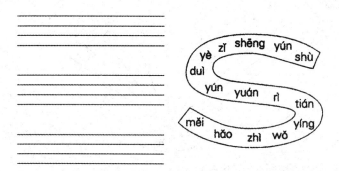

4. 钓鱼，用彩笔连一连，你钓到了什么？（9个点）

（1）zhè shìyì tiáo dà _____ 。

（2）tāshìshìjièshàng zuìdàde _____ le。

【评】设计者对这一关的游戏设计可以说是既检查了学生对拼音的掌握情况，又让学生在阅读中获得新的知识，给学生提供学习知识的空间，让学生懂得知识无处不在，无处不有。特别是"钓鱼"，在阅读中通过让学生连一连得知这是一条大鲸鱼。并且引起悬念：它是世界上最大的动物了，不是鱼类吗？为什么又称为动物了呢？这为好奇、爱动脑筋的孩子起了抛砖引玉的作用。

游戏第二关：字词天地

1. 我会读，我会写。(18个点)

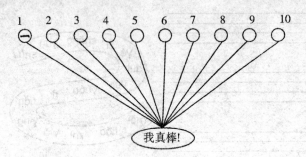

2. 我会认，我会写。(10个点)

3. 找朋友。(8个点)

(1) 远　　上　　大　　出　　有　　左

　　　小　　入　　下　　近　　右　　无

(2) 美丽的　　弯弯的　　白白的　　绿色的

　　雪花　　　小草　　　月亮　　　鲜花

4. 我会组词。（16个点）

自（　　）升（　　）马（　　）东（　　）

白（　　）开（　　）鸟（　　）车（　　）

5. 猜猜看，是哪四个字，然后写在括号里。

天上掉地下流， 它是禾苗好朋友。 谜底（　　）	看不见摸不着， 吹到脸上才知道。 谜底（　　）
有时圆圆的， 有时弯弯的， 白天看不见。 天黑再出来。 谜底（　　）	白天睁着眼， 晚上睡大觉， 早上东边来， 晚上西边去。 谜底（　　）

【评】字词天地一栏的设计，具有知识基础化、知识趣味化、知识整合化等特点。猜谜语是学生喜爱的一项游戏，在游戏中，不仅培养了学生的想像力、逻辑思维能力、判断事物的准确力，从中还激发引导学生如何去识字。让学生乐于识字，主动识字，通过玩中学，学中玩，渡过枯燥识字这一难关。

游戏第三关

1. 照样子说句子。我能行！（8个点）

（1）我的书包呢？

_____呢？

（2）我爱北京。

_____爱_____。

2. 背诵。我真棒！

远看_____ _____，近听_____ _____。

_____还在，_____不惊。

游戏第四关

想一想，小猴怎样才能吃到香蕉？请帮小猴想一想，写出自己的办法吧！（3个点）

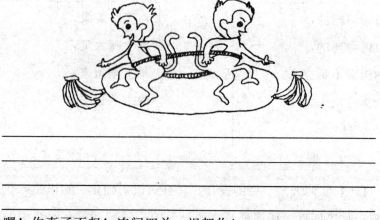

_____

_____

_____

嘿！你真了不起！连闯四关，祝贺你！

【评】从最后一题上不难看出，语文学习不仅仅在课堂上，生活中处处有语文，有些知识是课堂无法给予的。此题给学生提供了广泛的学习材料，让他们开阔眼界，从更多的角度学到知识。

【点评】

推动课程改革的动力是评价改革。评价改革是课改成败的关键环节。从这套评价试卷中，不难看出设计者别具匠心地采用儿童喜闻乐见的闯关形式，让学生按要求从第一关到最后一关的游戏中，轻松愉快地完成测试。其特点如下：

1. 趣味性强

设计者采用游戏的形式，给学生搭建了一个展示自我的平台，让学生在轻松、愉快的游戏中，找到自我，发挥主观能动性。体现了"以人为本"的新的评价理念，符合小学一年级学生心理特征，使评价过程成为促进学生发展的过程。

2. 激励性浓

从不同以往的卷头，到短小精悍的导语，再到每关激励性语言的引入，设计者为学生营造了宽松、愉悦的情境，活跃了学生的思维，减轻了学生心理压力，使学生主动活泼地参与到其中，积极主动地完成学习任务。

3. 重点突出

每一小题无论是在形式上，还是内容上，都突出重点，让学生的目光、思维伴随着每一个愉悦的游戏，展示出自我。

4. 淡化分数

通过等级（优秀、良好）评价，不仅淡化了分数，还增强了学生的自信心，让学生认为"我能行""我最棒"。通过让学生进行自我评价，树立学习自信心。

（设计：甘南县小学校　张春霞

点评：甘南县教师进修校　郭振春）

我成长　我快乐

小学一年级期末测试卷

一、我会拼

1. 按照字母顺序连一连，再画一画。请你帮它添上眼睛。

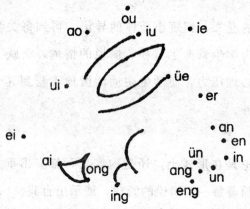

2. 拼一拼，读一读

　　图中的大熊猫可爱吗？认真拼读各部位的名称（将序号填在图上），再给它起一个好听的名字，你们就可以成为好朋友啦！

①tóu　　②ěr duo

③yǎn jīng　④zuǐ ba

⑤bízi　　⑥shēn tǐ

⑦sìzhī　　⑧zhuǎzi

我给它起名字叫＿＿＿＿＿＿。

我最棒

二、我会连

一把　　　天空　　　　　我————在教室里　　做游戏
一条　　　小树　　　　　同学们　　在云层里　　写作业
一棵　　　伞　　　　　　月亮　　　在操场上　　飞
一片　　　尾巴　　　　　小鸟　　　在天上　　　穿行

三、我会写

读准拼音，写好词语，比比谁写得最好看。

shàngxià　　　zuǒ yòu　　　duō shǎo　　　dà xiǎo　　　dāng xī

你发现什么规律？快告诉身边的小伙伴，你还知道哪些词语的意思是和这些相同的？

四、我会读

自由组合小组，任选一篇，比比谁读得又快又正确。

（一）找"快乐"

小山羊在家里老是不高兴。有一天，山羊妈妈对他说："好孩子，快出门找快乐吧!"小山羊问:"'快乐'在哪里呢?"妈妈回答说:"你找到它就知道了。"

小山羊走出家门，看见小马正拉着两包大米吃力地上山。小山羊飞快地跑过去，和小马一起把大米拉上了山。小马说:"小山羊，你真好!"

小山羊心里美美的，他走着走着，看见路边的一棵小树快倒了。小山羊上前把小树扶直，还给小树培了土。小树在风中点着头，好像在说:"小山羊，谢谢你!"

天黑了，小山羊高高兴兴地回到家，山羊妈妈看看小山羊，笑着说:"快乐写在了你脸上，你找到快乐了。"

dǎo fú péi xiè xiě liǎn
（倒 扶 培 谢 写 脸）

（二）新房子

一天，小猫、小熊、小山羊，还有小猴子，一起在森林里玩，他们看见小狗正在造房子。小猫说:"朋友们，我们也来造一间房子怎么样?"

"好啊!"小山羊说:"我要把房子造在草地上。这样，我们一出门就能吃到青青的草。"小猫说:"不好，不好。我要把房子造在小河边。这样，会有好多小鱼在河里等着我呢!"

小熊说:"我可是要住在山洞里，要不我们就在这里挖一个洞吧!"

小猴听了，跳起来说:"那怎么行，我看，还是住在树上最好，那多自在呀!"

新房子到底造在哪里呢?

xīn děng wā xíng dǐ
（新 等 挖 行 底）

（三）我的好朋友

最近，爸爸给我带来了一个好朋友。他个子不高，方方的头，大大的脸。坐在那里安安静静的，很少说话。他的本事可大了！每天，只要我一回家，他就成了我最好的朋友和老师。我们一起读书、画画、玩游戏……我这个朋友可神了，没有他不会的。做起题来又对又快。告诉他的事从来不会忘。他还能让我不出家门，知道我想知道的一切。

怎么样，我的好朋友不错吧！小朋友，你们知道他是谁吗？

liǎn shì xì wàng tí qiè
（脸 事 戏 忘 题 切）

（四）新年娃娃

新年就要到了，平平坐在窗前，望着天上闪闪的星星，等着新年娃娃的到来。不一会儿，远远的天空升起了一朵彩云，彩云越来越近，原来是一条金色的小船。船头上小黄狗和小黑狗正在大声告诉大家：新年到了！小船很快到了平平面前，他看见船里面有许多小动物，扁嘴巴的小鸭子，长尾巴的小松鼠，会骑车的小猴。还有一个漂亮的娃娃，她就是新年娃娃。平平高兴得跳起来。他和新年娃娃一起向小朋友问好，祝大家新年快乐！

xīn wá děng yuán xiàng zhù
（新 娃 等 原 向 祝）

五、我会想

小猴怎样才能吃到香蕉？

请你帮助小猴子想想办法。

评一评 期末测试题得了_____颗☆。等级是_____

得星数	等 级
20—25	优,请将米老鼠剪下,它属于你了!
10—19	良
5—9	合格
4 颗以下	加油努力赶上去

试卷设计说明

在新的世纪里,新的课程改革目标,新的实验教材,新的教学氛围都在使我们创造出新的教学方法和学习方式。在新课程标准的指导下,我设计的小学语文一年级期末测试卷力争体现新课改的教学理念,大胆创新。其目的是促进学生主动参与,充分调动其学习积极性,达到由"考试"变为"考查",其含义是指,"把语文学科分解若干项,基本素质包括知识、能力、习惯、实践等方面,范围更广阔,更全面,更能体现学生基本素质的全面发展。"该试卷其特点是采取了四结合:

一是自选与指定相结合;

二是独立与合作相结合;

三是口试与笔试相结合;

四是课内与课外相结合。

其目的是丰富学生的知识，锻炼学生的能力、展示学生的才华。其宗旨是发现和发展学生的潜能，帮助学生树立自信心，促进学生积极主动的发展。

一、我会拼

汉语拼音掌握得好坏，对于以后学习语文知识有着直接的影响。测查汉语拼音的拼读能力作为一项考试项目有一定的难度，为了使学生考得愉快，又检验掌握得是否扎实，在试卷中我进行了大胆尝试，第一题是按照字母顺序连一连，再画一画并添上眼睛。新课标要求学生能够背诵声母、韵母，不要求默写，因此，让学生通过连线来检测其掌握的程度，再画上小眼睛，一只活泼可爱的小白兔就呈现在小朋友面前，减少考试压力，关注儿童健康发展。第二题的设计，既训练了学生的拼读能力，又使学生进一步认识大熊猫身体的各部位。语文学科与自然学科相融合，达到一题多项考核的目的，同时起名字的过程就是学生的一次思维创新。

二、我会连

由于一年级学生具有多认少写的识字特点，一个学期下来，学生已经基本掌握了四百个汉字，并对简单句的构成有了初步的认识，因此，我设计了两组连线题。一组是数量词的连线，一组是短句子的连线。考核的目的是测查学生是否完全正确使用数量词，是否会正确使用"谁在什么地方做什么"的句式。

三、我会写

新一轮课改的重要目标就是转变课程功能，写字要求已经不再是单纯的写写字了。它要留给学生多种能力发展的空间：要培养良好的学习品质；要提升学生的审美情趣；要留给学生一个健康的创新个性。因此，在该题的设计上，要求学生拼读后书写词语要写得漂亮，并让学生动脑思考，发现其规律，再仿照样子写词语，这样，测查写字的能力将会全面化、创新化。

四、我会读

人教版实验教材以崭新的面貌展现在我们面前。它具有综合性、科学性、时代性、趣味性、适应性和较强的开放性等特点。低年级阅读又是学习阅读的起步阶段。以往的期末考试往往忽略了朗读的存在，由此，我尝试着设计了该项内容。提供给学生四篇短小有趣、内涵深刻的小文章，由学生自由组合，五人一组任选其中一篇，合作着先练读，这样既降低了难度，又培养了合作意识，然后再根据学生读文水平给予相应的"☆"。

五、我会想

学生的口语交际能力是在具体情境中通过实践培养出来的，因此我精心创设交际情境：两只小猴身上系一条绳子分别向不同方向取香蕉。鼓励学生根据自己的生活经验想出更多更好的办法，引发更多的交际话题，让学生的思维在动态中发展。交际活动在动态中进行。

（佳木斯市第七小学　纪春岩）

"语文乐园欢迎你"

"亲爱的小朋友，快乐的暑假快开始了，让我们共同回顾一下这学期的收获吧！"

一、快乐起跑线

1. 小朋友，这学期又学了许多新的汉字，读一读，写一写，对自己的书写评一评，在下面的括号里打"√"。

晒　谁　阳　迟　买　再　息　壳　闻　房

很好（　　）　　　还行（　　）　　　再加油（　　）

2. 相信你的读音一定很准，请把带点字的正确的读音涂成红色。

捉虫　　小草　　狐狸　　妈妈　　着急

zuō　zhuō　cǎo　chǎo　li　lí　mā　ma　zháo　zhe

3. 下面的词语你会写吗？相信你能行！

yǐ　　　　xīn　　　　yuán　　　　zuò

可　　　关　　　果　　　工
　经　　　鲜　　　桌　　　工

二、神奇魔术棒

"日"加一笔成了_____组词（　　　）

"力"加两笔成了_____组词（　　　）

"木"加"羊"成了_____组词（　　　）

两个"人"字组成了_____组词（　　　）

三、开心碰碰车

1. 我有一个新发现：

"桃、松、梅"这些字都有＿＿＿＿，意思都和＿＿＿＿有关，我还能写出＿＿＿＿＿＿＿＿＿＿＿＿＿＿＿＿＿。

"说、话、诉"这些字都有＿＿＿＿，意思都和＿＿＿＿有关，我还能写出＿＿＿＿＿＿＿＿＿＿＿＿＿＿。

2. 你发现了什么？请连一连。

一本　　一杯　　一块　　一双　　一件　　一棵

水　　面包　　书　　雨衣　　果树　　手

春　　　夏　　　秋　　　冬

3. 仔细看图，照样子写一写（不会写的字用拼音代）。

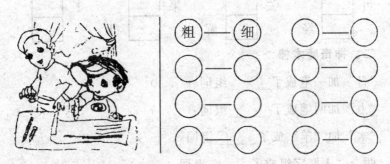

粗 —— 细　　　○ —— ○

○ —— ○　　　○ —— ○

○ —— ○　　　○ —— ○

○ —— ○　　　○ —— ○

4. 小花猫请你帮（bāng）它挑（tiāo）一挑。把不是同一类的词挑出来，写在图案里。

（1）桃花　　雪花　　玉兰花　　梅花

（2）地球　　足球　　篮球　　排球

（3）桌子　　木头　　椅子　　黑板

四、有趣游戏堡

1. 汉字长城：请你照样子写一写。

青蛙吃害虫，保护庄稼。

保护

护
乐
爱

2. 组句游戏，相信你一定能把句子写通顺。

妈妈　一个　好　我　消息　告诉

_____

校园　真　我们　美丽　的　啊

_____

五、聪明小向导

考考你的眼力，你会选吗？相信你一定是一个聪明的向导！

他们在教室里干什么（　　）？

小猴子真淘气（　　）！

你看过大象表演吹口琴（　　）？

它　　她　　他

（　　）是我的妹妹。

爸爸喜欢我，我也喜欢（　　）。

树上有一个小鸟，（　　）的叫声真好听！

哪　　那

山（　　）边有一条弯弯的小河。

妈妈，您到（　　）里去？

！　　。　　？

湖里有许多美丽的荷花（　　）

鱼没有尾巴还能游水吗（　　）

老虎和狮子都很凶猛（　　）

老师相信你一定也会用"。?!"分别写一个句子，快快动笔吧！

_____

_____

_____

六、你一定又学会了几首古诗吧？你愿意成为小诗人吗？老师相信你能行，请你写首最喜欢的古诗，不会写的字可以用拼音代替。

七、想像小空间

小朋友，你的想像一定很丰富，请根据你的想像把句子补充完整。

（1）蓝蓝的天空中飘（piāo）着_____。

（2）_____在空中飞来飞去。

（3）小河里_____游来游去。

（4）绿油油的草地上_____。

（5）远处有_____。

相信你一定是一名出色的小画家，请拿起手中的画笔把你上文中的五句话画成一幅美丽的图画，再起一个好听的名字。快快行动吧！

_____

试卷设计说明

试卷命题突出了激励性、诊断性、发展性的功能，注重趣味化、层次化、弹性化，同时还注意了开放性和灵活性。

一、版面设计趣味化

1. 巧改大标题。

（1）改变试卷标题。改变以往试卷呆板、单一的标题，把它改成孩子们喜闻乐见、易于接受的形式，成为尊重学生主体意识的主题活动："语文乐园欢迎你"意在培养学生自信心。

（2）改变题型名称。试卷命题力求题型丰富多彩，让学生感到既亲切、有趣，又轻松。如快乐起跑线、神奇魔术棒、开心碰碰车、有趣游戏堡、聪明小向导、想像小空间。

2. 善用激励语：试卷设计中处处给学生以启发和良好的人格教育。如试卷中处处设有"友情提示"、"激励站点"、"相信你能行！""你的想像一定很丰富"等等，激励学生战胜自我。

二、试题内容层次化

试题内容以新颖活泼的形式出现，充分尊重学生自主权，使学生体会到成功，收获到快乐，让学生考出水平，考出自信。

第一题，快乐起跑线。第1小题，为学生书法提供展示的空间，并让学生自己评一评，给学生自我评价的机会。第2、3小题，考查学生字音及同音字的掌握情况，通过小苹果、小房子的图案，激发学生的兴趣，使学生在轻松的氛围中完成任务。

第二题，神奇魔术棒。让学生知道字与字之间的联系，帮助学生掌握识字的方法，体会汉字的神奇。

第三题，开心碰碰车。主要考查学生的基础知识，第1小题，让学生仔细观察，找出每题的规律，培养学生的观察能力。第2小题，反义词一题答案可不唯一，考查学生思维的灵活性。

第四题，有趣的游戏堡。在"汉字长城、组句游戏"的活动中，考查对句子的理解。

第五题，聪明的小向导。不仅增加了趣味性，还考查了学生对人称代词、疑问词及叹号、句号、问号的用法。

第六题，主要考查学生对古诗的积累。此题的设计为学生提供了选择性，让每一位学生都尽可能地感受到考试成功的喜悦。

第七题，让学生展开想像的空间，自由填写，并配上一幅美丽的图画。这种题着眼于学生的发展，让每个学生品尝成功的喜悦，有施展他们才华的空间。

三、试卷评阅弹性化

试卷评阅的重心，由智力评价为主逐步转到以激励学生成功为主的标准上来，不以标准答案去套学生，而以学生的发展为本，采用"上不封顶，下要保底"的原则。

1. 注重生命的活力，富有人情味，减少结果的比较，减轻横向比较的心理负担。

2. 注重个性的发展，力求显示个性存在和发展的轨迹，并为这种存在和发展提供空间。

3. 注重学生主体意识的培养和发挥，提倡自我评价，自我欣赏，自我完善。

（齐齐哈尔市铁峰区责浦小学　王英坤）

小学二年级语文上册（北师大版）调研试卷

一、这是谁吹出的小泡泡？找一找，抄一抄。

二、我会拼读，我能写好。

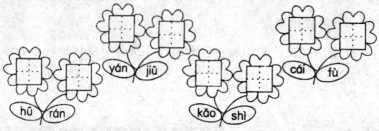

三、我能帮助这些小黑兔找到自己的家，还能让它们家来更多的客人。

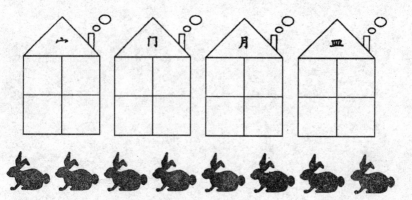

四、虽然它们长得很像，但我也能区别它们，并各组一个词。

己一已　　　城一诚　　　晒一洒　　　脑一恼

五、我观察，我会填。

例：一（个）顽皮的牧童

一（　　）　　牛　　几（　　）　　山
一（　　）　　草地　一（　　）　　歌曲
一（　　）　　图画　（　　）

六、我能写出意思相近或相反的词语。

垂头丧气

饱

快乐

美丽

七、我会读，并能组成句子写下来。

世界　的　里　精彩　有　书　

八、看右图，写出感受。

_____多么_____！

_____多么_____！

九、看地图，画一画，填一填。

我在首都北京那里画个五角星。我住在_____
省，_____市，我在地图上找到了，画个
"○"。我还把台湾岛涂上颜色。

十、看！小动物们在这儿讨论呢，阅读后我也参加活动。

小蜜蜂说："家是一个热闹（nào）的地方。爸爸妈妈、爷爷奶奶还有许多人在一起，亲亲热热、甜（tián）甜蜜（mì）蜜，真快乐。"

小狗熊说："家是一个温暖的地方。不管外面天气多么不好，家里总是暖暖的。挺舒（shū）服的。"

小野兔说："家是一个安全的地方。每当遇到危险，赶紧跑回家里，就能安全了，心也不乱跳了。"

小喜鹊说："家是一个幸福的地方。在家里，我总有唱不完的歌。"

★"鹊"字按部首查字法，先查（　）画（　）部，再查（　）画。

★"亲亲热热"、"甜甜蜜蜜"这样的词语我也会写：

_____　_____　_____

★我读懂了，家是一个（　　）、（　　）、（　　）、（　　）的地方。

★我还能接着写：

家是一个_____

_____

_____

_____

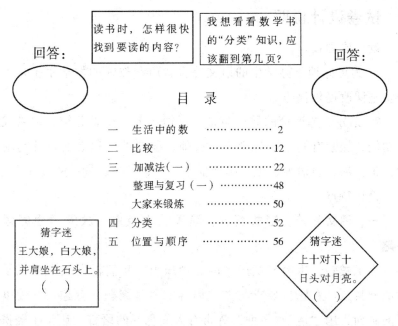

读书时，怎样很快找到要读的内容？

回答：

我想看看数学书的"分类"知识，应该翻到第几页？

回答：

目 录

猜字迷
王大娘，白大娘，
并肩坐在石头上。
（ ）

猜字迷
上十对下十
日头对月亮。
（ ）

十一、我能回答丁丁冬冬提的问题。

我能帮丁丁把书按类放回书架（把序号标在相应的书架内）；还在中国古代四大名著上画"★"。

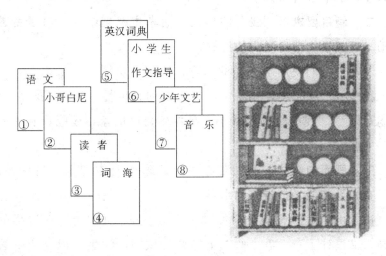

语 文 ①
小哥白尼 ②
读 者 ③
词 海 ④
英汉词典 ⑤
小学生作文指导 ⑥
少年文艺 ⑦
音 乐 ⑧

试卷设计说明

设计原则：

1. 为更好地提高学生的语文综合素质和教师的教学水平，为学校实施课改提供保障。

2. 充分发挥评价的导向激励、反馈调节、反思总结、记录成长的功能，探索有利于引导学生、教师、学校进行积极的自评与他评的评价方法，更清晰、更准确地描述学生、教师、教材的发展状况。

设计特点：

一、图文并茂，形式新颖，增添人文色彩，激发学生答题的兴趣

为了减轻学生因考试产生的心理压力，我们根据小学阶段学生的心理特点，在题目要求与考题内容上尽量新颖、有趣，并配以彩色的画面，用"请""帮助"等富有人文色彩的语言，让学生轻松愉快地完成考试内容。如："抄写拼音与汉字"，这类题目较生硬单调，学生不喜欢做。就把它变为小鱼吐泡泡和绿叶红花的形式，增强了趣味性，学生就喜欢做了。

二、题目要求以"我"的口吻，让学生感到亲切，对学生进行激励，促进学生自身潜力的挖掘

试题中我们使用了这样的语言，让学生从树立信心入手，找到了"我能行"的感觉，调动了学生答题的积极性。如："我会拼读，我能写好"，"我能帮助这些小黑兔找到自己的家，还能让它的家来更多的客人"等等。

三、既面向全体，又关注差异，让学生自主选择，自由答题，让所有学生都能发挥较好的水平

试题中，我们既设计了像"一、二、四、九、十一"这样的必答题，又设计了三、五、八、十等开放试题，学生可以自主写答案

（答案不唯一），以及答案可多可少（在保底的基础上可选做）。这样一来，学生答题时思维不受束缚，程度不同的学生均能发挥自己的水平。学生就有了成功喜悦。

四、突出语文学科特点，尊重学生观察和阅读的独特的情感体验

课程标准指出，阅读是学生个性化行为，不应以教师的分析来代替学生的阅读实践，要珍视学生独特的感受、体验和理解。因此，我们设计了给学生一篇课外阅读小短文，旨在考查学生独立阅读的能力以及模仿和创新能力，通过阅读理解不同的小动物对"家"的不同看法。同时，与写作结合，在理解别人对"家"的不同看法基础上，写出自己对这一问题的看法。

五、引导教师利用和开发课程资源

试题的设计要帮助教师实现由"教教材"到"用教材"的转化，促进教师对教材的钻研，以达到改进学生语文学习和教师教学的目的。

1. 引导教师根据学段目标，达成要求，钻研教材，抓住关键，突出重点。

本册汉语拼音要求是拼读、练习拼写。我们出的题目是拼读、抄写。教材中要求会写的字 294 个，我们考了 8 个常用的，以及区别形近字，归类识字等等。

词语：数量词、近义词、反义词、叠词；句子：组句、用词造句；阅读：整体把握文章的意思；写作：仿写、续写一段话。

以上内容，均为教材中语文天地及课标年级要求内容，以新颖的形式出现，考查学生对本册教材的知识点、能力、习惯的掌握和运用。

2. 引导教师充分利用和开发教材资源，组织学生进行语文实践。

如：让学生给《所见》诗歌画一幅插图，用上"多么"造句。根据《书的世界》插图——书架，请学生帮丁丁把书按类放回书架，并给中国古代四大名著画"★"。

以上试题的设计，不仅使学生看到书中的插图感到熟悉、亲切，它同时也提示教师：课程资源无处不在，只要善于捕捉，有效利用，就能让学生有更多的语文实践的机会。

3. 引导教师在学习习惯、学习态度、学习方法、学习策略方面，给学生以指导。

我们结合《书的世界》这个开放单元的"金钥匙"中"学查目录"，设计了看目录回答丁丁、冬冬提出的问题的试题：

(1) 读书时，怎样很快找到要读的内容？

(2) 我想看数学书的"分类"知识，应该翻到第几页？

另外，还通过这个单元的"给自己的图书分类"的实践活动，设计了"帮丁丁把书按类放回书架"的题。目的是考查学生是否有良好的读书习惯，整理图书的能力；另一方面，提高会读书的能力。同时，也在提醒教师：要培养学生良好的读书兴趣、读书习惯以及会读书的能力，而不单纯学会语文天地传达的知识信息。

4. 注重语文课程与其他课程的沟通，培养学生的综合素质。

语文学习与生活息息相关，与其他学科相联相通，因此课程标准强调要树立大语文观，要与其他学科整合。我们设计了"看地图，画一画，填一填"一题。主要考查学生看地图的能力，提醒教师教学时利用语文课程资源，与其他学科沟通整合，培养学生的综合素养以及爱祖国，爱家乡的情感。

以上评价内容，仅限于笔试部分，至于有关评价的口试及实践活动方面，如：口语交际、背诵、朗读以及语文学习态度、习惯、情感等，各学校可以根据教学的实际情况自行安排考查。总之，新课程中的语文学习评价应该是多种形式全过程的全面的评价，这样才能有利于促进学生的发展。

(哈尔滨市南岗区教师进修学校　李娜)

语文总动员

——小学语文（六年制）二年级上学期期末考试

时间：90 分钟

语文新视野　4★

☺ 我会连，按字母表的先后顺序依次连线。

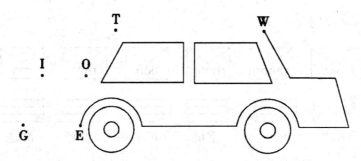

☺ 认识新朋友，不忘老朋友

我家（　diàn qì　）可真多，（　cǎi diàn　）、（　bīng xiāng　）、（　xǐ yī jī　），还有（　diàn nǎo　）VCD。

☺ 向"不用说话的老师"请教。

要查的字	音节	音序	组词
相			
客			
城			

😊 每封信投到哪里去？

轻松达标，我快乐。3★

😊 找朋友

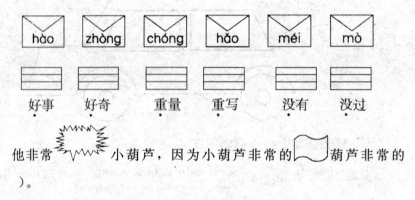

他非常 ~~~~ 小葫芦，因为小葫芦非常的 ▱ 葫芦非常的

（　　）。

这（　　）个个苹果，共有七（　　）重。

😊 快速出击

例：我们做事要认真，不能马虎。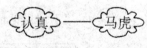

1. 过马路时要注意安全，否则就会有

生命危险。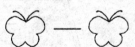

2. 这张纸（zhǐ）正面很光滑，反面

却很粗糙。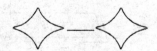

☺ 请把我写完整

1. _____ 一粒粟，_____ 万颗子，四海_____，_____ 犹_____。

2. 你喜欢看_____

3. _____真美呀！

阅读冲浪 3★

早晨，森林里散发出阵阵清香。树缝中间透进来的阳光有红的，有紫的，组成了各种颜色的光带。一只只小松鼠从这棵树跳到那棵树上。树上的露水沙沙地落下来，树上的几只黄莺叫得那么脆，那么响。

(1) 这段共有_____句话。

(2) 表示颜色的词语有_____、_____。

(3) 从这段话中找出动作的词填在（   ）里。

松鼠（   ） 露水（   ） 黄莺（   ）

快乐实践，我进步 3★

它们是好朋友，它们之间会发生什么事呢？你能写写吗？

_____

_____

_____

趣味平台 2★

☺ 我积累，我快乐

欢 天 喜 地，谢 天 谢 地 _____

_____

和风细雨，春风化雨 _____ _____

_____

☺我研究，我发现

望见→见面→面容→容易

天空→（　　　）→（　　　）→（　　　）

晴朗→（　　　）→（　　　）→（　　　）

收获园：

评价方法		
	得星数	
你非常的棒！	15	★★★★★
你真棒！	14	★★★★
你很棒！	13	★★★
你真优秀！	12	★★
你做得好！	11	★
努力呀！		

自我评定：这次测试我觉得能得_____颗★。

互相评定：这次测试我觉得你能得_____颗★。

老师评定：期末测试题你得了_____颗★。

家长评定：这次测试我觉得你应该得_____颗★。

试卷设计说明

综合素质评价从改变考试方式开始，由最初的单一的书面知识背、记、写，到目前的基础知识拓展、听说表达能力训练、阅读分析能力的培养和写作中大胆创新意识的加强。使学生在知识中提高，在能力中发展；在基础知识中求同，也在能力中提供个性观点的张扬！

第一部分"语文新视野"中传统的字词采用不同的形式，展现给同学，使学生在情境中学到知识，感受到学习的快乐。

第二部分"轻松达标，我快乐"编排了精美的插图，以帮助学生理解掌握知识，使枯燥的句子更为生动形象。

第三部分"阅读冲浪"，主要是培养学生的阅读分析能力，锻炼学生的思维灵活性，是最能检测一个学生分析理解能力的题型。在这道题中我以生动的语言，使同学们入情入境，给学生一个自由的空间，发散了学生的思维。

第四部分"快乐实践，我快乐"中，我一改往常的限制题目、限制要求、限制范围的"小屋子"，而是给学生的思维一个自由驰骋的"大草原"，这种题型更有利于学生创新意识的培养和个性潜力的迸发！

第五部分"趣味平台"是学生创新能力的迁移，灵活开拓思路的最佳舞台。最后我一改以往的评价方法，充分体现了"以人为本"的思想，关注学生的终身发展，因此我设立了自评、师评、家长评，教师的评价只是过程性评价的一种。根据学生的写书速度，知识的掌握情况和自己几年来的教学经验，按班级中等程度学生的速度，本卷为 90 分钟。

整张试卷中，还采用了儿童化语气，以减少普通试卷给学生带来的无形压力，"轻松达标，我快乐""我研究，我发现……"这些充满自主性的话语，无不体现个性的张扬，更有利于学生创新能力的培养。

（省农垦佳木斯实验学校 张海虹）

人教版九年义务教育五年制第三册语文综合测试

　　小朋友们，这学期你的收获一定很大吧，到语文游乐园来吧，把你的知识和本领展示出来，那该多么令人高兴呀！准备好了吗？

直播间
9分

　　开始吧，你可一定要仔细听，认真读，把字写得工整美观哟！

听故事完成下列各题。

1. 故事的名字是（　　　　　　）。

2. 我听懂了，蜘蛛的血是（　　　）色，蜗牛的血是（　　　）色，小虾的血是（　　　）色，蚯蚓的血是（　　　）色。

积累园
61分

　　1. 过河（10分）。

　　　　　帮我拼准确，把词写得美观了，我就可以过河了。

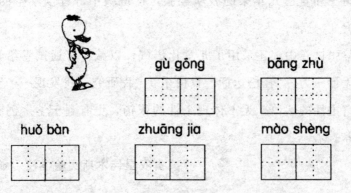

gù gōng

bāng zhù

huǒ bàn

zhuāng jia

mào shèng

2. 花儿在开放（15分）。

3. 彩旗飘起来（用喜欢的颜色给正确读音涂色）（6分）。

4. 我积累了好多反义词，写给你看看吧（8分），写够4组后，每多
写1组到后面的领奖台上涂上一颗小星星。

（大）——（小）　（　）——（　）　（　）——（　）

（　）——（　）　（　）——（　）　（　）——（　）

（　）——（　）　（　）——（　）

5. 接一接（12分），每组写够3个后，每多写一个到后面的领奖台
上涂上一颗小星星。

雪花——花茶——茶水——（　　）——（　　）——（　　）

坐井观天——（　　　）——（　　　）——（　　　）

6. 找朋友（4分）。

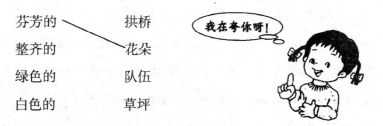

芬芳的　　　　拱桥

整齐的　　　　花朵

绿色的　　　　队伍

白色的　　　　草坪

7.请你像我这样做（6分）。

例：祖国　　生长　　我们　　在　　的　　怀抱里

我们生长在祖国的怀抱里。

①老师　　故事　　给　　讲　　我们　　好吗

_____

②我一起　　去　　妈妈　　和　　北京　　玩

_____

┌─────────────┐
│ 阅读室 20 分 │　　　1. 小朋友们，你们爱读课外书吗？你读过
└─────────────┘

哪些课外书，书名字是《　　　》、《　　　》、《　　　》，你最喜欢

的书是《　　　》。读够 3 本书到后面领奖台涂上一颗小星星，每多

读一本书多涂一颗小星星。

　　2. 请字典来帮忙，读读下面小短文，你会有很多收获的。

牵牛花

　　草地旁边的山坡上，住着一群牵牛花。

　　他们都举着浅蓝色和粉红色的喇叭，都穿着浅绿色的衣裳。他

们排成队。迎着早晨第一道阳光，吹起了小喇叭，那声音多么嘹亮

啊！充满了欢乐和希望！

　　全世界的花和草听见了喇叭声，都赶快起床了。

　　丛林中的野菊，打开了黄色的小伞，小路边的芙蓉露出了粉红

的笑脸。池塘里的睡莲，戴上雪白的花冠。草地上不知名的野花，

张开了紫色的翅膀……。于是，世界变得多么繁华，多么芬芳！

　　*牵牛花的颜色有_____。

＊牵牛花的小喇叭让＿＿＿＿、＿＿＿＿、＿＿＿＿、＿＿＿＿、起床了。

＊用＿＿＿＿＿＿把你喜欢的词画出来，多读几遍。

＊多美的牵牛花呀，把它画下来好吗？

可要认真读哟

写作园 10 分

快乐的一学期过去了，你一定有许多话想和老师、同学、亲人说吧，请你写几句话和他们交流一下，好吗？

＿＿＿＿＿＿＿＿＿＿＿＿＿＿＿＿＿＿＿＿＿＿＿＿＿＿＿＿＿＿＿＿

＿＿＿＿＿＿＿＿＿＿＿＿＿＿＿＿＿＿＿＿＿＿＿＿＿＿＿＿＿＿＿＿

＿＿＿＿＿＿＿＿＿＿＿＿＿＿＿＿＿＿＿＿＿＿＿＿＿＿＿＿＿＿＿＿

收获园

学习就要像蜜蜂采蜜一样，只有不辞辛苦才能酿出好蜜来。

总结自己这学期语文学习中的表现，到收获园来吧，把你认为满意的小星涂上你喜欢的颜色。

☆我注意倾听老师、同学的谈话。

☆我喜欢有感情读课文。

☆我喜欢看课外书。

☆我积累了许多好词、好句、好诗。

☆我的字写得工整美观。

☆我喜欢和别人交流，愿意发表自己的见解。

☆我会借助工具书学习，喜欢查引资料。

☆读书时我愿意动笔写写画画。

领奖台

你游过了语文乐园，收获一定很大吧。登上领奖台，85分以上涂上3朵小红花，60—85分涂上2朵小红花，60分以下涂1朵小红花。看看你的奖品，再在下面的3个评价册上分别写上一句话。

☆☆☆☆☆☆☆☆☆☆☆☆☆☆☆☆☆☆☆☆☆

我对自己说：　　　同学对我说：　　　老师对我说：

试卷设计说明

这套语文综合能力测试卷，以《语文课程标准》为依据，以教材为指针，从语文的三个维度五个领域，对学生语文素养进行评价，力求体现人文性、发展性、全面性、过程性、多元性。

一、设计意图

本套试卷共分七个版块，目的是考查学生语文综合素质，力求实现笔试与口试相结合，课外与课内相结合，量评与质评相结合，结果与过程相结合，做到考查学生能力，下要保底，上不封顶。

二、操作办法

卷首寄语可听老师读或学生自读。直播间、写作园、积累园中的一、二、三、六、七题采取量评办法，积累园中的四、五题采取量评与质评，自评与他评相结合的办法，阅读室采取量评与质评、口试与笔试、课内与课外相结合的考查办法。收获园、领讲台不作为量评内容。

三、设计特色

1. 创设宽松和谐的情境，体现试卷的人文性。

精心设计卷首寄语、卷中提示语、卷尾评价语，打消学生对考试的恐惧感，题目要求以对话式的儿童化的语言呈现，图文并貌，激发学生兴趣，拉近学生与试卷的距离。

2. 试卷形式生动灵活，体现活动性。

设计语文游乐园活动，学生通过一个个小活动展示自己的语文能力，学生主体地位在考试中得到充分发挥。

3. 试卷内容具有广阔的空间，具有开放性。

试卷内容一方面以课标为准绳，以教材为指针，适合年段的要求，重视语言的积累运用；另一方面设计内容具有一定空间，把课内与课外紧密结合，实现了内容的基础性与开放性。

4. 淡化分数，实行评价指标的多元性。

突出学生学习过程的评价，关注学生个体处境和需要，联系学生生活，引导学生学会对自己的语文学习习惯、兴趣、情感、方法等进行评价，使学生的语文素养得到全面提高。

听老师讲故事，完成直播间的填空题：

猴子化验

花狗医生让猴子化验员给动物验血。

病人真多呀！蜘蛛、蜗牛、小虾、蚯蚓……全都来了。

猴子化验员把他们的血抽了出来放在一根根玻璃管里。

花狗医生看化验结果出来了，玻璃管上一个名字也没有。原来猴子忘了写名字，他急得哭起来。

花狗说："别急，青绿色是蜘蛛的血，淡蓝色是蜗牛的血，青色是小虾的血，玫瑰红是蚯蚓的血。"猴子听了，细心地在玻璃管上写了名字，并说："今后，我一定要认真。"

（七台河市新兴区文教局教研室　孙秀梅）

二年级期末语文测试卷

姓名：＿＿＿＿＿＿＿　　班级：＿＿＿＿＿＿＿

一	二	三	四	总分	我的自评
					认真审题　☆☆☆ 仔细检查　☆☆☆ 卷面整洁　☆☆☆

炎炎烈日，暑气袭人。瞧，那里有一片茂密的果园。想摘几个水果解解渴吗？别犹豫，快动手吧！这是丰收的水果，看看谁摘得最多，收获最丰富。

一、知识大联盟

夏天到了，满山的（dù juān　）花开放了，香味（fēn fāng　）扑鼻。小草长得也非常（mào shèng　），绿油油一片，大地美丽得如一位换上花裙子的少女，活泼、动人。小动物也不甘寂寞，打开尘封已久的家门开始新一年的工作。看（zhī zhū　）忙着结网，为自己建造美丽的新家；山鸡扑打着（chì bǎng　），昂首阔步地走着，悠闲的如一位绅士，还不时驻足观赏一番，深深地被这美丽景色吸引。孩子们争先恐后的冲出家门，奔向田野。他们在晃荡着（gē bo　），活动着筋骨，好像要把一冬的郁闷全部抒发。他们开动着（nǎo jīn　），

妄想从中寻找到春天的痕迹，却什么也没有找到。夏天看到了，它

（　jiāo ào　）的向全（　shì jiè　）宣布："我来了!"

```
┌──────────────────────────────────────────────────┐
│    小朋友们，我遇到了许多困难，你们愿意帮助我吗？完成 │
│ 下面的题，你就可以摘到诱人的苹果啦，仔细看吧！        │
└──────────────────────────────────────────────────┘
```

1. 短文中有好多生字没有写，请在括号里写出。（摘取 10 个苹果）

2. 在本学期里。我又认识了许多生字朋友，我要用喜欢的符号标出它们。（摘取 2 个苹果）

3. 通过学习，我掌握了_____、_____、_____的识字方法，我可以使用这些方法认识课文中出现的生字，我要把我的学习结果告诉大家。（摘取 15 个苹果）

生字	音节	音序	部首	组词
悠				
嬉				
筋				

4. 说说看！（摘取 10 个苹果）

一（　）花　　　　　一（　）雨

一（　）孩子　　　　一（　）草

一（　）山鸡　　　　_____的足迹

_____的宣布　　　　_____的田野

火红的_____　　　　扑鼻的_____

5. 我还能用它们说一说。（摘取 4 个苹果）

吸引：

观赏：

6.勇敢者乐园。(摘取 4 个苹果)

近义词:非常——　　　　　观赏——

反义词:活泼——　　　　　悠闲——

二、脑筋转转转

在生活中我靠动脑筋解决了许多问题,现在我有信心答好第二题。

1. 有一些东西,我们看不到、摸不到,却能感觉到,它们是_____,我可以把它们画出来。(摘取 10 个苹果)

我还能写写我的画_____

_____你真聪明

2. 在野外迷路的话,我可不怕,我能用天然的指南针寻找方向,比如:_____、_____、_____、_____。除了书中介绍的 4 种方法外,我还知道许多辨别方向的方法。(摘取 6 个苹果)

(1)_____

(2)_____

你真是个善于动脑、思考的孩子,老师为你骄傲!

3. 想像天地。(摘取 6 个苹果)

看看比比,想想图上的事物像什么,再照样子写句子,最后读读这些句子。

①天上的星星像（眼睛）

②红红的苹果像（　　　）

③我还能选择几种说一说：

_____。

_____。

　　　④我不但会说，还能用这些图片编个小故事呢！

_____

_____

_____

同学们,朋友们,让我们在知识的海洋里自由翱翔吧!

三、知识园地（摘取 10 个苹果）

　　　　善于积累的孩子才是爱学习的孩子，我在课内外积累了许多好词、好句，还知道了很多课本以外的知识，你呢？

积累展台

1. 这学期，我在课内课外积累了许多好词、好句：＿＿＿＿＿＿

＿＿＿＿＿＿＿＿＿＿＿＿＿＿＿＿＿＿＿＿＿＿＿＿＿＿＿

2. 语文园地中有一些名人名言，我还积累了很多，让我说给你听：

＿＿＿＿＿＿＿＿＿＿＿＿＿＿＿＿＿＿＿＿＿＿＿＿＿＿＿

3. 小博士乐园。

　　除了课内的知识外，我还知道许多课外的知识，让我说给你听：
（如语文园地宽带网内容或课文内容）

4. 经验交流。

　　在课外，我是这样学习的，我要把我的学习方法告诉大家：

　　＿＿＿＿＿＿＿＿＿＿＿＿＿＿＿＿＿＿＿＿＿＿。

> 仔细看一看，想一想，你能做得很好，老师为你加油！

四、我的才能展示

1. 阅读分析才能。（摘取 10 个苹果）

我家的一只老猫在我家楼房东边的一间平房里生了五只小猫。过了几天，不知为啥，猫妈妈把小猫一只只地衔到我家西边的草房里。又过了几天，猫妈妈把这五只小猫又一只只衔到了另一家人家小房里。当时，我不知道猫妈妈为什么这样把小猫衔到东衔到西。

一个夏天的晚上，天气很热，我和妈妈睡在小房间里。我热得睡不着，妈妈把我抱到大房间里；又过了一会儿，还是很热，妈妈又把我抱到客厅里。

我早上醒来，问妈妈："为什么这样把我抱来抱去的？"妈妈说："如果不给你换个好地方，太热了，会生病的。"

啊，我明白了：世界上所有的妈妈都是这样爱护自己孩子的。

（1）这篇短文共有 _____ 个自然段。

（2）用"_____"线画出表示猫妈妈动作的词语。

我想说一说

（3）通过阅读我知道猫妈妈很爱自己的孩子，我是从这些句子看出来的：_____

（4）我还知道一些动物的妈妈保护孩子的方法：_____

_____

_____

_____

2. 我的写作才能。（摘取 15 个苹果）

最近我的身边发生了很多事情，我想写出来，与大家一同分享。

亲爱的小朋友：

经过努力，你一定得到了很多苹果吧，把你得到的苹果数填到水果筐里吧！

经过一个学期的学习，你一定有不少的收获，老师祝贺你！你一定还有许多想法，那就请你在你的想法下面划"＿＿＿＿＿"。

1. 我对我的进步感到：A 满意　　　　B 还不满意

2. 对于这份试卷，我：A 全部都能做　　B 还有一些不能做
　　　　　　　　　　C 认为太难了

3. 我最喜欢做的是第＿＿＿＿题，最不喜欢做的是第＿＿＿＿题。

4. 我还需要努力的地方是＿＿＿＿＿，我想这样做＿＿＿＿＿。

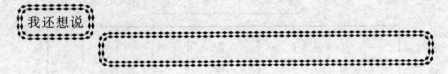

我还想说

试卷设计说明

设计意图:

1. 试卷有贯穿全文的内容,如试卷开篇的话语,调动了学生学习的积极性。

2. 以游戏的形式开展测试,减轻学生的学习负担,如:取消分数的设定,改为摘苹果的形式评定。

3. 基础知识的测试,变单一测试为整体测试,如试卷的第一大题,涵盖了生字、词语、查字典等能力测试。

4. 注重日常的积累和学习能力的测试。如第三大题,知识园地一题。

注重学生评价,如在试卷结尾处,我先让学生自己为试卷"投投筐",再谈谈对试卷的看法,注重学生的主体性发挥。

5. 重视语言的启发性和调动性。

(大庆市直属机关第四小学　曹莉)

第三节　小学中年级语文测试卷改革例说

一、小学中年级语文测试卷编制的具体要求、方法

从目前我国教育发展水平来看，试卷考试仍然不失为一种最重要的教学评价形式。日常教学中，试卷考试的主要目的和作用大体上有：一是检查学生的学习水平，向学习者本人反馈学习情况，以帮助他们反思自己的学习目标、学习策略和努力程度，从而改进自己的学习，同时也起到从正反两方面激励学生进一步努力学习的作用；二是检测教师的教学水平，向教师反馈学生的学习情况，以帮助教师了解学生的发展状况，反思自己的教学，从而进一步有针对性地帮助学生改进自己的学习，同时也进一步改进教师的教学；三是可以帮助教育管理者了解学生的学习情况和教师的教学情况，为采取相应的管理策略提供依据。

基于以上认识，我们认为，测试卷的编制，首先要考虑的是全面、客观、准确地反映学生的学习水平。当然，从目前情况看，由于学生的学业负担过重的问题一直没有得到根本性的解决，有鉴于此，我们在编制考试卷的时候当然也要考虑如何在试卷中增加人文关怀的内容，采取有利于减轻学生心理压力的形式，如何适应学生的年龄特点等问题。但同时也应该清楚地认识到，考试的压力主要不是来源于试卷的形式，而是来自于考试结果所连带的非评价本身所具有的种种"后果"。因此，我们决不能把纯形式的花样翻新作为出考试卷时考虑的主要因素。

中年级语文综合试卷既有小学语文综合试卷的共同特点，又有它自身的独特规律。小学中年级学生正处在机械记忆能力较强，而

生活经历不够丰富，理解、分析、概括和综合运用能力较弱的阶段。这个阶段，学生的识字量有一定的积累，能够独立阅读浅显而篇幅较长的文章，但是理解和运用能力不强，是最适合多读多背，为今后的理解、运用积累材料的阶段。就像有人所主张的那样，小学生学语文，有时候就像牛吃草，吃进去后不一定马上消化，得经过一个慢慢反刍的过程，但如果没有前面的积累，那么到时候，反出来的就只有酸水了。但是，中年级也是学生开始具备一定的理解能力，需要开始在教学中加入理解、分析、运用成分的阶段，因此，这部分内容也应该作为卷面考试的内容之一，不过在分量上要注意适当。

　　此外，中年级学生已经开始逐步认识学习的真正含义。并已经能比较好的把学习与游戏区分开来。这也是我们不过多追求考试卷面形式的理由之一。以下是我们试用的一份语文综合测查结果分析表，通过这张表，大体可以看出我们出卷的基本考查内容：

语文综合测查结果分析表

分析范围		错误率	情况分析		分析者	备注
分析范围		错误率	情况分析			备注
拼音	认读					
	拼音					
汉字	读准字音					
	记忆字形					
	准确用字					
词语	词语记忆					
	词语搭配					
	词语理解					
	词语运用					
句子	句式积累					
	灵活运用					
	修辞掌握					

分析范围			分析者	
阅读	理解能力			
	分析能力			
	概括能力			
	想像能力			
	感受能力			
书写素养				
背诵默写				
表达能力				
自学能力				
写作	积累			
	运用			
整体情况分析：				
改革措施设想：				

至于考查形式，我们主张，创新的主要方向是如何更准确、科学地考查学生的掌握情况，而在形式上，应该保持一点稳定性，尽量不给学生增加更多的理解出题意图的负担，同时，也不让解题技巧成为教师教学的内容。但要考虑给学生以更多的人文关怀，体现在生活中学语文、用语文的大语文观。

举例来说：

★考查拼音识字，最好与汉字的读准字音结合起来考查。主要形式是选择正确的读音、根据字音给多音字组词等等。

★考查字形记忆最好的形式是拼音填汉字。

★考查准确用字，则大多采用找出词语中用错的字、汉字组词等等。

通过对拼音、生字部分内容考查形式的分析，我们可以看到。语文试卷的考查形式大体上可能分为：记忆、理解和运用三种形式。而记忆又可分为：识别（在相似个体或集体中认出）、忆出（根据一

定的提示回忆出来）两种形式；而理解和运用常常结合在一起进行
考查。

★词语的考查。需要指出的是词语的搭配，是词语运用的一种
特殊形式，我们通常采用单项组合选词搭配等形式。

★句子的考查。掌握句子形式的多少是衡量一个人语文综合素
养的重要标准，而句式掌握的考查也不容忽视，除了通过作文考查
以外，我们大多数采用给词语组成句子、变换句子形式、修改病句
等形式。变换句子形式可以有多种形式，除了传统的"把"字句改
"被"字句等，还可以长句改短句，要求用上某种写法改写句子
等等。

综上，我们认为这些基础知识的考查最好与阅读文章结合起来，
在一段或者一篇文章的阅读过程中考查学生基础知识的掌握情况，
这样，更有利于让学生感受到学习基础知识的重要，以及如何运用
这些语文知识解决实际问题。

★阅读部分的考查。阅读是小学语文综合试题的重头戏，担负
着考查学生理解能力、概括能力、分析能力、想像能力和感受能力
的任务，但出题的形式却没有太多的变化，不外乎给出一篇或一段
文章，让学生阅读后回答问题。只是提出的问题要精当，要考虑学
生实际能力、年龄特点、文章的难易程度情况等等。还可采用让学
生根据给出的文章内容进一步想像、联想、谈自己感受的方法考查
学生的阅读水平。中年级最好少出分析和概括的题目，而相应增加
一些主观性的理解、想像和谈感受一类的题目。

★写作能力考查，要结合学段训练重点，有利于学生表达真情
实感。

★至于书写素养、表达能力、背诵默写、自学能力等的考查均

可在整张试卷的考查内容中进行。

总之，我们认为，通过语文综合试卷考查学生的语文综合素养应该是试卷评价的关键。

附：

义务教育课程标准实验教科书（人教版）语文三年级上册

期 末 测 评 意 见

一、测评对象

使用"义务教育课程标准实验教科书（人教版）"的三年级学生。

二、测评时间

本学期期末。

三、测试内容与测试方法

以下提供的测评内容和测试方法，可以根据本地区、本学校的实际情况灵活运用。

（一）字词基础

测试方法：

可以选用以下两种方法测试学生掌握字词的程度。

（1）听写学过的词语。提供 40 个词语（不限于两字词语），由老师读词语，学生在田字格中听写。听写的每个词语中都应该包含本册要求会写的字，选在日常读写中使用频率比较高的。本测试题意在考查学生的注意力、听力和书写词语的能力。

（2）看拼音写词语。提供 40 个词语的拼音，学生在田字格中书写。提供词语的原则同上。本测试题意在考查学生认读拼音和书写词语的能力。

（二）语言积累

测试学生是否能正确、流利、有感情地朗读课文，背诵课文以及默写古诗。

测试方法：

（1）从本学期要求背诵的课文中选取若干片段（包括全文），学生用抽签的方式确定朗读、背诵的内容。

（2）考查学生对古诗的掌握程度。如果诗中没有不要求写的字，可以让学生默写。如果诗中有不要求写的字，可以采用填空的形式，让学生填词语或填诗句。

（三）阅读理解

测评学生能否理解程度适合的阅读材料，并能完成短文后的题目。

测试方法：为学生提供难度适当的短文，请学生读完后回答问题。问题的设计重在考查学生能否理解短文的意思，读懂短文，是否具有初步的分析概括能力。

（四）口语交际和综合性学习

测评方法：

（1）参考学生平时在口语交际课和在阅读课上答问、质疑、讨论、交流的表现，为学生的口头表达能力做出综合评价。可以从交际态度、听说习惯、口头表达能力等方面进行评价。

（2）参考学生在综合性学习中的表现和成果，从是否能够主动地搜集资料、运用资料，合作精神，语文运用能力等方面对学生做出综合评价。

（五）习作

测评学生能否就给定的范围进行习作，清楚地表达自己想写的内容。习作的要求是有比较具体的内容，语句比较通顺，不写错别字。

四、评价方法建议

本次测试的主要目的，对学生来说，是为了检测语文学习质量；对教师来说，是为了发现问题，改进教学。因此，本学期的评价应包括平时的考查和期末的测试。识字写字和口语交际的考查可以在平时进行，期末测试可以包括听写词语、语言积累、阅读理解、习作几项内容，建议每项测试单独安排时间进行，并以星级评定的方式对学生进行评价。

五、测试结果的统计分析

对于测试结果的统计分析主要从以下两个方面进行。

（一）对全班学生期末测试成绩进行统计和分析，找出成功之处和薄弱环节，采取补救措施，改进今后的教学。

_____省_____市_____学校三年级__班学生

语文期末测试情况统计表

班级总人数：_____人　　测试时间：_____年_____月

成绩项目	五颗星		四颗星		三颗星		二颗星		一颗星		平均
	人数	比例	人数	比例	人数	比例	人数	比例	人数	比例	
听写词语											
语言积累											
阅读理解											
习作											

（二）对学生个人学习质量进行记载和分析，作为学生语文学习的成长记录。

_____学校三年级_____班学生语文学习情况登记表

测试时间：_____年_____月

学号	姓名	课内认字	课外认字	写字	阅读理解	语言积累	口语交际	习作	备注
1									
2									
3									
4									
……									

说明：①上表中的测试内容可以根据实际情况增减。

②"期末测试意见"由人民教育出版社小语室编制。

二、小学中年级语文测试卷案例

我爱你，中国

中国，是一个拥有五千年文明历史和灿烂文化的国家。作为生长在新世纪的少年儿童，你们一定为祖国的飞速发展，不断强大而感到高兴吧？完成今天的试卷后，会让你们更加了解祖国、热爱祖国。

中华五千年文明历史为我们留下了许多宝贵的历史文化遗产。古诗就是这个百花园中一朵艳丽的小花。千百年来，人们爱诗、读诗，传出不少佳话。通过一年的学习，你们是不是也积累了不少古诗呢？选两首自己最喜欢的输入到下面。

名言和谚语你也一定积累了不少吧？请你写一句有关学习的名言或谚语。

你读过有关中国的书吗？把它介绍给大家吧。

我读的是：

游中国

在中国境内，有许多风光秀丽，景色迷人的地方。五彩池就是吸引中外游人的风景名胜。今天就让我们去欣赏那里美丽的风光，领略那里大自然的神奇。

第一站五彩池

那是个晴朗的日子，我乘（chèng chéng）汽车来到藏（zàng cáng）龙山，只见漫山遍野都是大大小小的水池。无数的水池在灿烂的阳光下，闪耀（yào rào）着各种不同颜色的光辉，好像是铺展着的（　　）。水池大的面积不足（　　），水深不过（　　）；小的像个（　　），水很浅，（　　）。池边是金黄色的石粉凝成的，像一圈圈彩带，把大大小小的水池围成各种 不同的形状 ，有像葫芦的，有像镰刀的，有像盘子的，有像莲花的……

更使我惊奇的是，所有的池水来自同一条溪流，溪水流到各个水池里，颜色却不同了。有些水池的水还不止一种颜色，上层是咖啡色的，下层却成了柠檬黄；左半边是天蓝色的，右半边却成了橄榄绿。可是把水舀（rǎo yǎo）起来看，又跟普通的清水一个样，什么颜色也没有。

★把带点字正确的读音改成你喜欢的一种颜色。

★五彩池的景色已深深印在你的脑海中了。请根据原文填空，将课文补充完整。

★认真读带方框的句子，看看能不能换个词来表达？输入到下面的括号中。

我想换成：（   ）和（   ）

课文中有许多表示颜色的词语，请你从课文中摘录并仿照输入几个这样的词。

> 我摘录的词有：_____、_____、_____、_____。
>
> 我自己仿写的词有：_____、_____、_____。

★仔细阅读画"〜〜〜〜"的句子，并发挥你们的想像力，想一想大大小小的水池还会有什么形状的？

池边是金黄色的石粉凝成的，像一圈圈彩带，把大大小小的水池围成各种不同的形状，有像_____的，有像_____的，有像_____的……

游过五彩池，下一站我们将去我国的最南方海南岛，去领略那里迷人的热带风光。

第二站海南岛

现在拿起耳机，双击图标，你会听到导游正向你介绍我国的第一大岛屿——海南岛。

★这段话的主要内容是（   ）

A、海南岛是个物产丰富的宝岛。

B、海南岛既是一个美丽的大花园，又是一个巨大的万宝库。

C、海南岛是个景色秀丽的岛。

★请把你听到的一个比喻句输入在下面，并仿照它自己想一个句子输入到下面。

你听到文中是怎样形容这些事物的吗？

（　　）的药材　（　　）的海螺　珍贵的（　　）

（　　）的树木　（　　）的鲜花　遮天蔽日的（　　）

除了五彩池和海南岛，你知道我国还有哪些风景名胜吗？

说中国

近几年，令我们中国人高兴的事实在是太多了。下面就让我们说说这些高兴事。

今晚真热闹

2001年7月13日晚上，人们的目光都盯住了电视屏幕。当国际奥委会主席萨马兰奇先生宣布，2008年奥运会主办城市是北京时，北京一下子沸腾了。高兴的人们冲出了家门，拥向天安门广场。人们欢呼着、雀跃着。"我们赢了！我们赢了！"欢呼声响彻天空。此时的长安街是车的海洋，是红旗的海洋。年轻人开着汽车不停地鸣着喇叭，有的人还从汽车中探出身体，挥动着手中的国旗高声呼喊："中国——北京！"老人们也穿上了节日的盛装，敲起锣鼓，扭起了欢乐的秧歌。此时的北京天上礼花绚丽，地上人流如潮，今晚北京真热闹。

读完这段话，你能理解下列词语的意思吗？（可以点击右上角的图标，进入资料库查找有关资料，也可以用你掌握的其他方法来理解）

沸腾：

绚丽：

人流如潮：

请你从这段话中摘录几个自己喜欢的词语。

★看看这段文字中，哪些地方写出了今晚北京真热闹？在下面加上下划线。

★这段话写了一件什么事？

★当你得知北京成为 2008 年奥运会的主办城市时，你想对全世界人们说些什么？

☺你知道 2004 年奥运会的主办城市在哪里吗？ _____

☺你知道这几年令我们中国人高兴的事还有哪些吗？

_____

_____

带小笑脸的题你可以任选其一。

如果不知道，跟我去网上查一查吧。

我的故乡在江南，我爱故乡的杨梅。

细雨如丝，一棵棵杨梅树贪婪地吮吸着春天的甘露。它们伸展着四季常绿的枝条，一片片狭长的叶子在雨露中欢笑着。

这段文字你们一定不陌生吧？《我爱故乡的杨梅》的作者形象生动地向我们介绍了自己家乡的特产——杨梅。我们每个人都有自己的家乡，你知道我们家乡的特产是什么吗？你可以抓住特点向大家介绍一下它；你可以根据特点想像它的来历，编一个故事；还可以写有关它的一件事。写的时候，要注意做到语句通顺、内容具体。

如果你一时想不到，那么问问我吧！

如果想好了，就把你的文章输入到下面吧！

同学们，今天你们的收获大吗？希望你们在生活中，能够到书中、到网上、到大自然中更多地了解我们的祖国。

别忘了，把你的试卷上传到老师的机器噢！

试卷设计说明

考试内容：

五年制小学语文第六册（人教版）

考试方法：

试卷以 word 形式存入多媒体教室的每一台学生机，考试时，学生直接在试卷上操作。考试结束，学生自己将试卷上传到教师机上。

设计意图：

小学语文"四结合"是要实现以电脑为核心的信息技术与语文教学过程的整合。"四结合"实验与其他语文教改实验一样，强调完成语文教材的基本要求，完成教学目标，而且运用现代信息技术的教学目标，则有更高的要求。最突出的是培养学生初步运用信息技术的能力——包括信息的理解能力、信息的搜集能力、信息的选择能力、信息的判断能力、信息的处理能力、信息的传播能力。

这张试卷的设计是在充分学习新课标的基础上，运用新课程理念设计的一张试卷。就学生的评价来说，一张试卷很难对学生进行全面、客观的评价。但本试卷在设计时，尽量从大语文的角度出发，不是单纯对一课，或一阶段学习的考查，根据《语文课程标准》的阶段目标，力求从四方面体现其基础性，即基础知识、基本技能、基本能力、基本态度。在命题时着眼基本要求，避开难题、偏题。同时，也注意了知识与能力的结合。重视学生的能力（计算机操作能力、运用信息技术能力、阅读能力、听话、听打等等）、方法、情感、态度的评价，重视学生的发展。传统语文试卷因过分强调甄别与选拔。题型设计中比较客观、冷漠，显得严肃呆板，毫无情趣可言，在测试时难以调动学生的主动性和积极性。这张试卷以"我爱你，中国"为主题，设计"夸中国"、"游中国"、"说中国"、"赞家乡"四个环节。其突出特点是，既不脱离本学期的学习内容，又创设了情景，使学生兴趣盎然地投入到考试中，并在潜移默化中受到一次爱国主义教育。

第一部分"夸中国"，应该是课内外知识、新旧知识的有机结合。考查了学生积累知识、综合运用知识的能力。输入的内容包括课后要求背、默的内容，也可以是学生自己积累的内容。

第二部分"游中国"，包括两篇文章。一篇是课内阅读，一篇是课外阅读。课内阅读考查学生对课文的学习情况，注重学生个性的发展。语文课程本身具有重情感体验、重感悟的特点，因此学生对语文材料的反映往往是多元的。《语文课程标准》在评价上尊重学生的个别差异和个性特点。允许让学生自由表达他们的思想观点、价值取向，命题的设计也要求具有相当的开放性，给学生充分展现自我的空间。如"把正确的读音改成自己喜欢的颜色"；培养学生的想像力、创造力，如"想一想大大小小的水池还会有什么形状的"；注重词语的积累，如"换个词表达"或"表示颜色的词语"的仿写等。

课外阅读以听力考查的形式出现，运用多媒体计算机的便利条件，在试卷中设置多处链接，此处为一短文录音，旨在考查学生语言积累的同时，考查学生听懂一段话，及听打词语的能力。

海南岛是个宝岛，这是祖国南海的一颗明珠。在那里，椰子、芒果、木瓜、香蕉等热带水果到处都是；橡胶、油棕、咖啡、可可等热带经济作物遍布全岛。在五指山区，有遮天蔽日的原始森林，有各种名贵的药材，还有珍贵的热带、亚热带的动物。在环岛的海洋中，海滩上盛产鱿鱼、飞鱼、龙虾，还有海石花、海盐和五光十色的海螺、海贝。在平原地区，一年四季可以种植庄稼，水稻一年可以收三次。花木四季常绿，鲜花四季常开……一句话。这里是一座巨大的万宝库。

第三部分"说中国"由词到句，到篇，设计了词语理解，摘录词语，理解句子，理解文章，写话等语文知识的扩展练习，最后是上网查找资料，考查学生搜集、整理信息的能力。在词语理解这一环节中，考查学生理解词语的方法。理解词语可以联系上下文，可以查字典，联系自己的生活实际等等。在链接的资料库中准备有和这段文章有关的影片，和"沸腾"一词的几种解释，可供学生自己选择。

第四部分"赞家乡"，黑龙江的特产如哈尔滨秋林的红肠、大列巴、酒心糖、大虾糖，以及常见的糖葫芦、冻梨、冻柿子，到双城的西瓜，五常的大米等，教师事先录好提示的录音，还可以用图片的方式来提示。学生自由选择自己喜爱的特产，写成文章输入计算机。

(哈尔滨医科大学附属逸夫学校　李晓密　程玉英)

小学三年级语文期末测试卷

班级_____姓名_____

同学们，走过了如诗如画的春天，热情似火的夏季又与我们携手。那么，在春季你播种希望的种子了吗？

夏天是一幅七彩的画，夏天是一曲奔放的歌。亲爱的小朋友们，经过春天的播种，经过夏季的耕耘，经过这一学期的学习，你一定有不少收获吧？下面的题目，会让你对自己的学习有个全面的评价。仔细审题，认真答题，你就会有出色的表现。不过，希望你的试卷有一张清秀的面孔。好，就请沉着动笔吧，相信自己，相信自己留下的是一串串自信而独特的脚印……

快乐点击：（将正确答案的序号填在_____上）

1. 这段话是按照_____顺序写的：

　　A、事情发展的先后　　　B、季节的先后

2. 结合这段话说说："在春季你播种希望的种子了吗？"意思是_____？

　　A、在春天你种下了一颗种子

　　B、在春季开学时，你是否好好学习了

按要求填空：

1. 摘录三个文中的四字词语：_____、_____、_____。

2. 你能告诉我"希望你的试卷有一张清秀的面孔"是什么意思吗？

_____

3. 找出你不认识的字、不懂的词或不理解的句子，抄在下面，说说你想怎样弄懂它？

_____

语文茶点

本学期你积累了哪些语文知识？能否灵活运用？现在，可要看你的了！

走进智慧谷：

1. 在本册书中，你最喜欢的一篇课文是 ＿＿＿＿＿＿＿＿ ，因为：＿＿＿＿＿＿＿＿。写出文中给你留下印象最深的一句话：＿＿＿＿＿＿＿＿＿＿＿＿＿＿＿＿＿。

2. 请你分别写出一个描写早晨、中午、傍晚、深夜的四字词语：＿＿＿＿＿＿＿、＿＿＿＿＿＿＿、＿＿＿＿＿＿＿、＿＿＿＿＿＿＿。

3. 请你写出《送元二使西安》中传诵千古的名句 ＿＿＿＿＿＿＿＿＿＿，＿＿＿＿＿＿＿＿＿＿＿。

4. 表示"看"的词语有很多，但词义有差别，请你将左右两组中意思相近的内容用线连起来。

注视　　　　　指视线集中于一点地看

盯着　　　　　强调十分注意地看

望　　　　　　向远处看的意思

你还收集到有关"看"的词语了吗？请写出几个 ＿＿＿＿＿＿＿＿＿＿

＿＿＿＿＿＿＿＿＿＿＿＿＿＿＿＿＿＿＿＿＿＿＿＿＿＿＿＿＿＿。

5. 成语沙龙：（请你按要求写成语）

讲刻苦学习的＿＿＿＿＿＿＿，　　讲认真学习的＿＿＿＿＿＿＿，

讲专注学习的＿＿＿＿＿＿＿，　　讲不断努力的＿＿＿＿＿＿＿。

6. 小小裁判我来当：（用你喜欢的符号选择正确的答案）

拽着（zhuǎi chě）贪婪（lán luán）膝盖（xī qī）

腆着（tiǎn tián）吮吸（shǔn rǔn）窜出（cuàn chuàn）

古代名人名言、警句积累：（任选一题）

7. 成缚优异的徐畅不愿和班级学习差的学生做朋友，老师教育她说："古人说＿＿＿＿＿＿＿＿＿＿＿。"

8. 期中考试，李冬取得了优异的成绩，他得意洋洋。爸爸严肃地对他说："古人说＿＿＿＿＿＿＿＿＿＿＿。你这种态度可不利于进步啊。"

咬文嚼字：（任选一题）

1. 如果不会写"触"字，应该用＿＿＿＿查字法，先查＿＿＿＿，再查＿＿＿＿画。试着用这个字再组两个词＿＿＿＿，＿＿＿＿。

2. "骨瘦如柴"中的"瘦"的音节是＿＿＿＿，用音序查字法，先查大写字母＿＿＿＿；用部首查字法查这个字时，应该先查＿＿＿＿部，再查＿＿＿＿画。试着用这个字再组两个词＿＿＿＿，＿＿＿＿。

现在，请跟我进入阅读互动天地

荷　花

互动天地

清早，我到公园去玩，一进门就闻到一阵清香。我赶紧往荷花池边走去。

荷花已经开了不少了。荷叶挨挨挤挤的，像一个个碧绿的大圆盘。白荷花在这些大圆盘之间冒了出来。有的才展开两三片花瓣儿。有的花瓣儿全都展开了，露出嫩黄色的小＿＿＿＿（lián）蓬。有的还是花骨朵儿，看起来饱＿＿＿＿（zhàng）得马上要破裂似的。

这么多的白荷花，一朵有一朵的＿＿＿＿（zīshì）。看看这一朵，很美；看看那一朵，也很美。如果把眼前的这一池荷花看作一大幅活的画，那画家的本领可真了不起。

我忽然觉得自己仿佛就是一朵荷花，穿着雪白的衣＿＿＿＿（shang），站在阳光里。一阵风吹来，我就＿＿＿＿（piān piān）起舞，白的衣裳随风飘动。不光是我一朵，一池的荷花都在舞蹈。风过了，我停止舞蹈，静静地站在那儿。蜻蜓飞过来，告诉我清早飞行的快乐。小鱼在脚下游过，告诉我昨夜做的好梦……

过了好一会儿，我才记起我不是荷花，我是在看荷花。

1. 看拼音在_____上填上正确的字。

2. 按意思从课文中找出恰当的词语填在（　　）里。

（　　），形容轻快地跳舞。

3. 文中第_____自然段，作者运用想象，把自己比作了一朵荷花。

下面两题，任选一题：

4. 读画线的一段话，想像一下，如果你也是池中的一朵荷花，蜻蜓和小鱼会告诉你什么？

_____

_____

5. 课文描写了公园里的_____和作者看荷花时的_____。表达了作者对大自然的_____之情。

课文是按照_____的顺序进行叙述的。作者由荷花的_____写到荷花的_____。

阅读提示：

地球是我们人类共同的家园，保护这个家园是我们人类共同的责任。可是由于人类对环境的破坏，地球现在已经不成样子。读读这篇文章，然后按要求回答问题：

地球就诊记

这天，_____（yǔ zhòu）中心医院来了一个客人_____全身布满人类文明的地球，满面愁容，一瘸一拐地进了挂号室。挂号医生天牛星上前问寒问暖："老弟，50万年前，你那么健壮，现在，你所哺育的人类发达了，你应更健康！可你怎么啦?""唉。一言难尽。"地球苦笑着，"人类是兴旺了，可我的身体却一天比一天衰弱。要知道兴旺和衰弱可是截然相反的!"

为了更快弄清自己的病情，地球告别了天牛星医生。

他来到眼科。不一会，他便迈着沉重的步子走了出来，_____(tòng)苦地想着彗星医生的话：人类大量开办工厂，废气、污染……保护伞被破坏，给地球蒙上了一层近几公里的灰，难怪地球因此戴上了厚厚的近视镜——足有三万八千度。

接着地球来到了皮肤科。主治医师仙女星座为了更好地给他会诊，还请来了大熊星座和小熊星座两位特级医师，并一道查阅了地球以前的《特级生命证书》：

地球，37万岁，诞生在太阳系。鉴于地球身体强壮，全身除海洋蓝色外，大部分绿色，不愧是个生命的摇篮，特予以表彰，并发证书一份。

仙女座看了一眼浑身疮疤的地球，难过地叹了口气，带着同情的心情开始工作。等到诊断完，医生们已是满头大汗了，他们又忙不迭地开了份诊断书：地球主诉，周身疼痛难忍。绿色皮肤开始脱落，黄色皮肤不断出现并且已经蔓延。医生诊断：地球大陆肤色确由绿色转为黄绿，黄色沙漠已不断吞并绿洲；海洋也由纯蓝变为局部灰蓝，局部地区已不能适应生物生存所需。病因：人类为获取耕地，乱砍乱伐；人类科学日益发展，随之而来的却是各种污染，如化学污染、核污染等；大批工厂不注意保护水源，向河流、海洋排放大量未处理的废物。

地球拿到诊断书后，快要哭了。

最后，来到内科。<u>地球哭丧着脸对内科医师北斗星说　医生啊</u>
<u>我觉得西经 135 北纬 32 处隐隐做痛　不知什么原因　</u>北斗星听
说，忙去看，只见那儿烟雾冲天，一股火药味。医生忙搬来一架宇
宙显微镜，透过烟雾，明白了一切，告诉地球："那是人类在自相残
杀！炮弹、火箭，搅得天空更浑浊了。"听了这话，地球的脸更阴
沉了。

经过一系列的会诊，地球异常烦恼，近似哀求地恳请医生治好
他的病。医生却说："这样的病，我们无能为力；人类是宇宙的主
宰，你的病只能由他们来根治。"

保护环境吧，地球在哀求！

维护和平吧，地球在呼吁！

1. 看拼音在_____上写词语；

2. 在文中找出和下列词语相反的词：衰弱——（　　　）

3. 给划线处加标点；

4. 按意思从文中找出恰当的词语填在_____里。

　　（1）一句话说不清楚。_____

　　（2）没有一点办法。_____

　　（3）差别很大，完全不一样。_____

5. 这篇文章主要写了_____的事。

　　A 各种星座　　　B 地球就诊

6. 通过这件事，提醒人们：

　　A 地球正在遭受破坏。　　　B 人类正在自相残杀。

7. 地球以前的身体怎么样？你怎么知道的？

_____

8. 地球为什么会得病？地球的病，谁能医治？为什么？

_____

_____

下面两题，任选一题：

9. 这篇文章是按照地球_____的顺序写的。地球先来到了挂号室，遇到了_____医生；后来到了_____，遇到了_____医生和_____；最后，他来到了_____遇到了_____。

10. 短文呼吁人们：_____，因为，地球是我们人类_____，保护这个家园，是我们人类_____。

不吐不快：（任选一题）

1. 同学们，阅读上面的短文后，想想你周围的环境，请你给学校大队部写封信，谈谈你对保护环境的看法。（不要忘了写信的要求啊）

2. 每个人都有自己的兴趣、爱好。有的喜欢下棋、踢球，有的喜欢画画、唱歌，有的喜欢集邮、做手工……你最喜欢做什么事？是怎样做的？从中体会到什么乐趣？

_____

_____

_____

试卷设计说明

出题范围：

全日制小学语文（人教版）第五册。

出题内容、项目和形式：

本次验收的内容包括基础知识、阅读积累和写作等几方面的内容，考试采取闭卷的形式，采用等级的评分制度。

设计意图：

学期学业水平测试是评价学生一学期学习情况的一种方法。过去我们过分强调其甄别与选拔的功能，眼光只是放在分数上，使得学生与老师身心疲惫。本试卷力求在内容、形式、评价方法上符合新课改的要求。

一、基础知识部分

1. 在试卷形式上，改变原有的"看拼音填汉字、组词、造句、改错"等枯燥的语言，本着《课程标准》要求：语文课程必须根据学生身心发展和语文学习的特点，关注学生的个体差异和不同的学习需求，爱护学生的好奇心、求知欲，充分激发学生的主动意识和进取精神。本试卷首先采取适合儿童的语言，如"走进智慧谷"、"成语沙龙"、"小小裁判我来当"、"咬文嚼字"等为标题。使学生对所答试题产生兴趣，激发学生的好奇心，求知欲，为学生营造轻松的考试氛围。

2. 在试题内容上，本试卷改变了原来考核基础知识的这些弊端，本着"学生是语文学习的主人，是学习和发展的主体"这一《新课程标准》的要求，注重语文知识的积累运用。特别是力求从学生的角度出发，尊重学生个性化的学习方式，如："在本册书中，你最喜欢的一篇课文是_____，因为_____，写出文中给你留下印象最深的一句话_____。"这种评价方式的设计，有助于学生个性化学习方式的形成，给学生足够的自主学习的空间。

二、阅读部分

三年级孩子刚刚进入阅读阶段，如何吸引孩子的阅读兴趣，养成学生良好的阅读习惯，是教学的主要任务。为此，在试卷开始，不急于让学生马上做答，而是由精心准备的一段话，将学生带入轻松愉快的阅读天地。读后几道小问题的提出以及以"快乐点击"的形式进行的验收，使学生在不知不觉中初步感受阅读的乐趣。

在阅读材料的选择上，注意与学生的生活实际相结合，与文本相结合，关注学生的情感和态度，注重授人以渔，渗透学习方法的指导。如针对地球上环境遭受破坏的现象，选择了《地球就诊记》一文，唤起学生的环保意识；再如"想像一下，如果你也是池中的一朵荷花，蜻蜓和小鱼会告诉你什么？"像这样注重文本与生活接轨的例子，学生很感兴趣，所以考试变得积极有趣了。

三、习作

习作尽量符合三年级的习作要求，考查学生是否有留心观察周围事物的习惯，是否能用简短的书信便条进行书面交际。试卷设计了两篇习作供学生选择。并没有提出一些条条框框去限制学生，目的是让学生说自己想说的话，写出自己的真实感受。

创新之处：

以往的试卷，形式单一，问题的设计似一张张冰冷的面孔。课改后的试卷，力求从学生的角度出发，用孩子们喜欢的充满童真童趣的语言，图文结合，对教材中要求学生掌握的知识点，变换一下形式，学生看到这样内容有趣，命题活泼的卷面，身心得到极大的放松，能力得到极大的发挥，学生在考试中体验到的是愉悦和成功。另外，在试卷内容上不断创新，把学生的注意力逐渐引向关注文字本身的兴趣上。整套试卷内容，重积累、重感悟、重情趣、重迁移，突出了学以致用的特点。

（哈尔滨市铁岭小学　安慧）

九年义务教育人教版小学语文第六册
期末智力闯关题

 亲爱的同学们：你想收获一份喜人的礼物吗？你想成为父母和同学心目中的骄傲吗？来吧，这里给你创设了一个比拼的赛场，认真思考，静心书写，你就会实现你的梦想！

智力第 1 关——我会写

hōng hōng（   ）一声巨响，一道闪电划破天空，大雨倾盆而降。临上学出门时，母亲再三dīng zhǔ（   ）我，让我在校听课千万不能精神huǎng hū（   ），必 xū（ ）全神 guàn（   ）注，悉心听老师的 jiào huì（   ）。

智力第 2 关——我会认 （请在认识的字下面标注自己喜欢的符号）

做工精美的风筝在三月的天空中随风飘荡，我心潮澎湃，涟漪叠起。各式各样的"老鹰"、"鹦鹉"、"仙鹤"、"蜈蚣"、"大蜻蜓"等等……令人眼花缭乱。此时此刻我不由得想起妈妈曾经教我的那支古老的歌谣："又是一个三月三，风筝飞满天，望着墙角糊好的风筝不觉亮了天。"

是啊，季节美、风筝美、歌谣美，我们的童年更美！亲爱的伙伴们。这样的春天不会再来了，请大家要珍惜春光啊！

智力第 3 关——我会选 （请将不同类的一项填在括号）

1. 杜鹃鸟、黄鹂、燕子、蝴蝶、麻雀　　　　　（   ）

2. 小麦、高粱、玉米、水稻、粮食　　　　　　（   ）

3. 衬衫、背心、布鞋、帽子、热水瓶　　　（　　）

4. 电器、电扇、电冰箱、电视机、电饭锅　（　　）

5. 棉袄、大衣、衣服、球衣、睡衣　　　　（　　）

智力第 4 关——我会填

在本册书中，我学到了很多优美的文章，从中受到了很大的教育。比如：《珍贵的教科书》中，我体会到了（　　　　　）的可贵；《荷花》一文中，我学到了可以通过抓（　　　　）理解课文的阅读方法；《　　　》课文中，让我明白了要回报父母的爱；《科利亚的木匣》我受到了（　　）的启发；《和时间赛跑》的课前搜集中，我知道了很多关于珍惜时间的名人佳句"（　　　　　　　　）"；《猪八戒吃西瓜》我又知道了中国古代有四大名著《　　　　》、《　　　　》、《　　　　》、《　　　　》。瞧，这短暂的四个月，我的本领增长了不少吧！

> 送你一句名言：
>
> 书山有路勤为径，学海无涯苦作舟。

智力第 5 关——我会改

1. 上课的时候，李老师举了许多有趣的例子和故事。

　　_____

2. 今天参加演出的有教师、学生、工人、干部、老年人、青年人。

　　_____

3. 动物园里有许多稀奇的珍奇动物。

　　_____

4. 爷爷花白的头发中夹杂着白发。

　　_____

5. 风猛烈地吹动着旗杆上的红旗。（变"被"字句）

_____

6. 木工小组的同学们修理好了破损的桌椅。（变"把"字句）

_____

7. 火车穿过桥洞。（扩写句子）

_____

8. 克莱蒂微笑着用手拨开尺子。（缩写句子）

_____

智力第 6 关

我 会 组 合

1. 掩住 铃铛 自己的 他 耳朵 偷

_____

2. 石头 溪水 路 一块 挡住了 前进的

_____

3. 雨 的 倾盆直泻 去得 来势 汹涌 更快 夏天

_____

4. 铁罐 陶罐 骄傲 看不起 的

_____

智力第 7 关——我会排

（　　）　　一天，我对小明说："咱们明天捉知了，好吗？"他愉快地答应了。

（　　）　　开始，我怎么也捉不到。

（　　）　　第二天，我们俩准备好了网罩，向树下跑去。

（　　）　　小明却一连捉了三四只，我真羡慕他。

（　　）　　夏天一到，我们村里的大树上，从早到晚总能传来

"知了一知了一"的叫声，我多么想亲手捉一只知了啊！

（　　）　　　　最近，在小明的帮助下，我也套住了一只，心里别提有多高兴了。

智力第8关——我会读

1. 请在你认为应该重读的词语下画出自己喜欢的符号。

我匆匆地买了张报纸，便迈步上了公共汽车。我刚坐下，一个清脆的声音响在我的耳旁："阿姨，你的钱！"我转过头来，啊，是她！为了那八分钱，她竟然上了车，真不可思议……

2. 请你在读下列古诗需要停顿处画上"/"。

日出江花红胜火，春来江水绿如蓝。

大江东去浪淘尽，千古风流人物。

智力第9关——我会分析

（一）农夫和蛇

从前，一个寒冷的冬天，有个农夫在路上看见一条冻僵的蛇。农夫可怜这条蛇，就解开自己的衣服，把它放在怀里。蛇得到了温暖，渐渐苏醒了过来。它一醒过来，就恩将仇报地咬了农夫一口。农夫中了毒，临死的时候说："蛇是害人的东西，_____。"

1. 按要求写词语。

寒冷—　　　（反义词）　　　　可怜—　　　　（近义词）

2. 联系上下文理解词语。

可怜：

恩将仇报：

3. 在横线上填上恰当的句子。

4. 你觉得农夫的行为值得肯定吗？为什么？

5. 读了这则寓言，你明白了什么道理？

_____

_____

_____

（二）功到自然成

东晋大书法家王羲之，一千多年来，一直被人们尊称为"书圣"，他是如何获得成功呢？

传说王羲之七岁就跟父亲学书法，学了一段时间，为自己停止不前而十分苦恼，而且表现得心灰意冷，越来越提不起神。一天，他又写个字，越看越觉得丑，便到外边去玩耍。玩着玩着便忘了时间，傍晚肚子饿得咕咕叫，想就地找点东西吃。他来到一家农户说明来意。主人是位瞎眼婆婆，可做起事来却十分利索，生火、和面、抹油……转眼功夫，将饼子摆满一锅，而且十几个饼子，大小一样，一个挨一个，没有一个重叠或挤压。王羲之看得目瞪口呆，惊叹不已，他好奇地问她，如何练出这等功夫。瞎眼婆婆笑答："没啥窍门，功到自然成嘛！"王羲之听了这句话，联想到自己的书法，不禁茅塞顿开，忘了饥饿，一口气跑回家，抓起笔，埋头苦练起来。

1. "心灰意冷"的意思是：_____，在文中具体表现在"_____"个句子中。

2. "茅塞顿开"的意思是：_____，王羲之听了瞎眼婆婆的话后_____，从中可以看出他茅塞顿开了。

3. 联系上下文，说一说"没啥窍门，功到自然成"在文中起_____作用，意思是：_____。

4. 概括文章的主要内容。

_____

_____

_____

智力第 10 关——我会想

1. 辨一辨：

　　两只煤气灶都烧开水，壶里的水一样多，两壶水都沸腾了，可是一只水壶冒出了许多热气，而另一只水壶却很少冒热气。原来一个是冬天的情形，一个是夏天的情形。你能分辨出哪是在夏季烧水，哪是在冬季烧水吗？

_____

_____

_____

2. 请你在下图中间的空白处填上一个适当的字，使之分别与周围的四个字拼成另外的四个字，而且与旁边诗句的寓意相符。

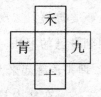

千穗扬花菊开月，

青天无云不飞雪。

九九艳阳东升起，

十足干劲迎晨曦。

3. 平时猫总是比老鼠跑得快，可有一次，老鼠竟逃脱了险境。请充分发挥想像，说出猫追不上老鼠的六种原因。

_____

_____

_____

超级大赢家之——我会写

一、根据下面的词语扩写一段话。（要充分发挥自己的想像哟）

毛　头　耳朵　嘴　胡须　爪子

二、在本学期短短的四个月中，在你记忆深处总会有一些令自己难忘的故事吧，请把这些"感动"的片段写下来，倾诉给大家。（16%）

试卷设计说明

试卷设计意图：本试卷重在让学生自主学习，将存留在记忆深处的知识技能灵活地运用。在本试卷中，我设有学生较为喜欢和容易接受的"智力闯关题"，让学生在自由、轻松、愉悦的环境中去完成答卷。

试卷设计特点：充分体现新课标中的理念"自主、探究"，我将试题难度由浅入深地设计成十道闯关题，即——"我会写"、"我会认"、"我会排"、"我会读"、"我会分析"和"我会想、我会写"。充分尊重学生的主体地位，设计的题目灵活新颖、形式多样，对学生全面进行测评。

试卷创新之处：题目的编排上摆脱了旧有的填空或选择，而采取了多种多样的灵活方式，让学生在轻松愉悦的环境中学习、解答和测评。

试卷评价：因每一道闯关题都是对学生语文的不同能力进行测评，所以在评价时应逐一对每项试题分层评价。

（大庆市祥阁学校　宋歌）

美丽神州一日游
——四年级语文期末测试

同学们，一学期的学习生活结束了，在语文课上你一定又欣赏了许多名胜古迹，又游览了很多自然风光，真是"中华河山多锦绣，神州处处是风景"啊。下面，我们就一起插上想像的翅膀，借助记忆的桥梁，乘上"环字号"观光航班，一起去祖国各地看一看吧！

江南 "上有天堂，下有苏杭"，江南的美丽景色，曾经吸引了无数的中外游客，就连清朝的乾隆帝，也曾经几次来到江南呢！同学们，赞颂江南美景的古代诗词可有不少哇，这学期，我们就学习了好几首。选一首你最喜欢的，把它写在下面，可别忘了把作者写上啊。

_____

_____

你还记得那些赞颂江南美景的名句吗？写几句，看谁记得多。写得多。（至少三句）

_____

_____

山海关 飞机飞过东海、黄海、渤海，来到了我国东部的山海关。它号称"天下第一关"，又是万里长城的终点，是著名的景点。一位记者叔叔，把路上的景色都拍了下来，同学们，看到这些照片，你觉得怎么样？就请你选出几幅自己喜欢的照片，配上几个最恰当的四字词语吧！注意，选的词语可一定要恰当啊！（至少六个）

_____

_____

内蒙古草原 同学们，为了观赏到伟大长城的全貌，飞机一路向西飞去。途经内蒙古草原，不由得想起老舍先生写的《草原》来。从老舍先生的描述中，你一定早已了解了这里的景色，在括号里添上合适的词，来描述一下这里的景物吧。

（　　）的空气　　　（　　）的天空

（　　）的牛羊　　　（　　）的线条

描写草原的四字词语还有很多，试着写写，看谁写得多。（可以写老舍先生用过的，更可以写你自己想出来的。）（至少两个）

_____　_____　_____

美丽的草原，吸引着很多的游人，下面的几个人就都来过这里。选几个你最喜欢的，用你学过的四字词语来描述一下他（她）们的外貌吧！看谁想到的词最多。描述的最恰当。（至少六个）

_____

_____

蒙古的人民热情而且好客，如果他们来到我们的家乡——哈尔滨，你会怎样同他们打招呼呢？注意，既要热情又要有礼貌哟！

A _____

B _____

只有热情诚恳，才会交到好朋友！同学们，你们还记得哪些关于交友方面的古语名言呢？写一写，看谁写得多。（至少四句）

_____

_____

同学们，不同的人物有不同的特点。本学期，你记住了哪些个性鲜明的人物呢？试着写一写，看谁记得多。（至少五个）

例如，贪得无厌的老太婆

_____ _____ _____ _____

_____ _____ _____ _____

这些人中你最喜欢的（或印象最深的）是谁？对他说几句你最想说的话吧！

_____

_____

敦（dūn）煌莫高窟 终于来到长城的起点嘉峪关。还未到塞外，就已经感受到来自塞外的猎猎风沙。这里虽然风沙漫天，但是却蕴藏着人类最瑰丽的艺术宝藏——莫高窟（kū），我们到那里去看一看吧。从下文中，你一定会领略到莫高窟那独特的艺术魅力。

敦煌莫高窟

莫高窟在敦煌市东南 25 公里处，鸣沙山东边的断崖上，这是一座举世闻名的佛教艺术宝库。莫高窟是现今世界上规模最宏大、历史最长久、内容最丰富、保存最良好、艺术价值最高的"世界艺术宝库"。

莫高窟创建于公元 366 年，历经十个朝代。现存比较完好的洞窟有 492 个，彩塑两千多身，45000 平方米的壁画鲜艳如新。这些壁画排列在陡峭的灰色岩壁上，少则一两层，多则四五层，通高 50 多米。（　　）把每贴画壁画连结在一起，（　　）可以布置成高1米、长达45公里的艺术画廊。莫高窟的伟大，就在于它（　　）描绘了佛教中的人物和故事，（　　）还描绘了历史的发展和变迁。它的内容真是包罗万象，（　　）像一幅幅连环画，（　　）像一个个万花筒。当你走进她的艺术殿堂，那一瞬间，一幅幅图案清晰、色彩艳丽、栩栩（xǔ）如生的壁画定然会使你感到无比的震撼：会给你带来更多的遐想……

　　掌中词典：包罗万象：形容内容多而且全面。

　　　　　　　栩栩如生：形容就像真的一样。

　　文中知识考考你：

　　1. 用你喜欢的方式，给带点的字选择正确读音：

断崖（ái yá）　　　　佛教（fó fú）　　　　连结（jiē jié）

比较（jiǎo jiào）　　彩塑（sù suò）　　　一幅（fú fù）

　　2. 用你喜欢的符号，标出带点字的正确字义：

莫高窟　窟：a 洞；b 某种人聚集的地方。

遐想　　遐：a 远；b 长久。

　　3. 写出意思相近的词：变迁——　　　　震撼——

　　　写出意思相反的词：长久——　　　　清晰——

　　4. 结合上下文，选择合适的关联词语填在文中的括号内。

不仅……而且……　　　如果……就……　　　既……又……

　　5. 文中的"一幅幅、一个个"都是说明数量多的，你能再写几个这样的词吗？（至少四个）

_____

　　6. 缩句

　　莫高窟是现今世界上规模最宏大、历史最长久、内容最丰富、保存最良好、艺术价值最高的"世界艺术宝库"。

---

7. 文中画"——"部分,是用(　　)来说明壁画的面积大;画"　　"部分,是用(　　)的方法进一步说明壁画面积大。

8. 为什么说莫高窟是伟大的?用"　　"画出文中说明这一点的句子。

莫高窟真是中华古老文明的缩影啊!她的艺术成就真是令人叹为观止。

新疆　离开敦煌,我们继续向大西北进发。大西北地域辽阔,民风淳朴,资源丰富。这里连绵的群山、茫茫的戈壁、紧连的盆地构成了雄浑独特的自然风光。现在,我们就一起去那里的新疆吐鲁番盆地看一看吧!

盆地风貌

"吐鲁番的葡萄熟了,阿娜尔罕的心儿醉了……"一首民歌《吐鲁番的葡萄熟了》传遍中外,许多人慕名来到吐鲁番盆地。

进入吐鲁番,游人很快可以感受到吐鲁番盆地的三项"中国之最"。

其一:最热!吐鲁番呈封闭座盆。东西长 240 千米,南北宽 75 千米,面积 18000 平方千米,四面全是山峰。独特的地形地貌,造就了独特的热带干旱闷热荒漠气候。盛夏 7 月最高气温达 49.6℃;每年日最高气温高于 35℃,日数达 99 天,地表最高温度达 82.3℃,沙中埋熟鸡蛋并非传言。

其二:最旱!吐鲁番平均年降水量为 16.7 毫米。夏日有时天空乌云密布却不见雨点落到地面,原来雨滴在半空中就被高温蒸发了,这里的空气湿度常常为 0。

其三:最低!在市区以南艾丁湖处,低于海平面 154.4 米,是仅次于约旦死海的世界第二陆地，是中国最低的地方。

封闭性盆地地形、典型的大陆性气候使这里的日照时间长、日夜温差大，因而盛产的水果葡萄香甜可口。而极度干燥少雨的气候也使这里的千古遗址保存至今。交河故城、阿斯塔那古墓古尸等诸多古迹文物使吐鲁番吸引着大批游客。

地理知识我知道：

1. 与下面几个词意思相反的词是：

　　封闭——　　　　干燥——

2. 吐鲁番盆地的三项"中国之最"是：＿＿＿＿＿＿、

＿＿＿＿＿＿、＿＿＿＿＿＿。

3. 根据课文内容填空：

　　因为吐鲁番盆地＿＿＿＿＿＿＿＿＿＿，所以盛产的水果葡萄香甜可口；而由于＿＿＿＿＿＿＿，也使这里的千古遗址保存至今。

我们已经领略了吐鲁番盆地的酷热，再去神秘的罗布泊地区探险吧！

罗布泊探宝

我们向神秘的茫茫大漠进发。乌黑锃亮的柏油马路，恍惚变成银波闪烁的长河；飞速奔驰的吉普车，真像是追波逐浪的扁舟。我把脸贴近车窗，惊喜的望着路旁的景色，心中不由地自问：在被称为"神秘之地"的罗布泊地区，究竟能看到什么新鲜玩艺儿？

记得学生时代学地理，老师就风趣地说，新疆罗布泊是个"长腿"的湖，它一忽儿在北，一忽儿又跑到南面。从此，在我心中罗布泊便被涂上一层传奇色彩。可是，当车子沿着孔雀河下游驶进"百水汇集的湖泊"罗布泊时，我竟吃了一惊。这个我国最大的游移咸水湖如今却成了"旱湖"！站在干涸的湖底四望，座座灰白色的高大土丘林立着，有的似城堡，巍然耸立；有的赛巨龙，蜿蜒盘旋。我们进入了"龙城"，所谓"龙城"并没有城，而是因为这里"土丘林"的形状象龙似城而得名。我在湖底溜达，踩上去"咯吱"、"咯吱"响，有时还"噗哧"、"噗哧"直陷脚。低头一看，地上盖着一层厚实的黑灰色盐壳。到了湖，只见遍地是七、八分厚的硬盐壳，像片石一样硬，皆成规则的六角形结晶，直立湖底，犹如一堵堵盐壳墙。每堵墙相距四十公分左右。你可别小看这些盐壳墙，它们可是大宝贝咧。你知道吗？科学家推算：罗布泊每年能够积聚七十五万吨钾，还有稀有金属和重水等资源，真是一个聚宝盆啊！

罗布泊地区约比一个浙江省还大，那里一直有生物在繁衍生息，堪称野生动植物的天地。那里一片片野生的胡杨林、罗布麻、甘草、芦苇，真够迷人了。胡杨耐干旱、风沙和盐碱。号称"荒漠上的勇士"。在孔雀河畔，我曾看到一大片古老的胡杨林，长得非常粗壮，有些树两个人也搂不过来。有一株新伐下的胡杨树，直径有一米多长，数数年轮有百把圈……单是今年在罗布泊考察中，采集的植物标本就有三十多种。

正因为罗布泊地区生长着不少荒漠植物，便于动物觅食，所以这里的野生动物也不算少，光是今年考察中采集的动物标本，就有三、四十种。比较珍贵的有野骆驼、大头羊、马鹿以及黄羊、野猪、野禽等。顶珍贵的要数野骆驼。估计罗布泊地区的野骆驼不过千峰左右，国家已把野骆驼列为重要保护动物。

这个"古来少人烟，四季常干旱，到处戈壁滩"的荒漠世界里，反倒有数不清的珍贵文物，成了世界考古学家神往的"文物宝库"。

读书·旅行·求知：

1. 文中的"咯吱"、"噗哧"是写声音的词，你能再写几个这样的词

吗？（至少四个）

_____

2. 用你喜欢的方式，标出下列句子中的比喻句。

①乌黑锃亮的柏油马路，恍惚变成银波闪烁的长河；飞速奔驰的吉普车，真像是追波逐浪的扁舟。

②座座灰白色的高大土丘林立着，有的似城堡，巍然耸立；有的赛巨龙，蜿蜒盘旋。

③那里一直有生物在繁衍生息，堪称野生动植物的天地。

④胡杨耐干旱、风沙和盐碱，号称"荒漠上的勇士"。

3. 根据文章内容填空：

　　因为罗布泊_____，所以是一个聚宝盆。这里生长的珍贵植物有_____，生存的珍贵动物有_____，而且是考古学家神往的_____。

　　……车窗外是茫茫的大戈壁，没有山，没有水，也没有人烟。天和地的界限并不那么清晰，都是浑黄一体。从哪看得出列车在前进呢？那就是沿着铁路线的一行白杨树。每隔几秒钟，窗外就飞快地闪过一个高大挺秀的身影……

　　上文选自《　　　　　》一课，课文中借助坚韧挺拔的白杨树赞扬了_____，这种写法是借_____喻_____。

　　同学们，富饶的罗布泊需要开采，辽阔的大西北需要建设。你们知道吗？党中央正在实施西部大开发战略，要使这里沉睡多年的宝藏造福于人类。"风声雨声读书声，声声入耳；家事国事天下事，事事关心"。同学们，努力学习吧，将来用你们的勤劳与智慧，把祖国建设得更美好！这学期，你又积累了哪些关于学习的古语名言呢？把你记住的都写在下面吧。要用这些名言激励自己哟！（至少四句）

　　紧张有趣的一日游结束了，用一句话来概括一下自己今天的感受吧：

　　哈尔滨　从炎热干燥的新疆刚回到家乡，一阵凉爽的风迎面袭来，真舒服哇！同学们，我们的家乡哈尔滨可是一座美丽的城市，她既是夏季的一个避暑胜地，又是冬季冰雪旅游的好地方，她还享有"天鹅项下的珍珠"、"东方莫斯科"等美誉。用你手中的笔，来介绍一下我们居住的这座城市吧：你可以写她夏季迷人的太阳岛，你可以写她冬季独特的冰雪文化，你可以写她优美的欧式建筑，你还可以写她独特的物产，你更可以写她斯大林公园中、步行街上休憩的人群……总之，你可以写家乡的一切。注意，内容要具体，语句要通顺，要表达自己的真情实感。

试卷设计说明

　　本套试卷是人教版九年义务教育五年制小学语文第八册期末试卷。全卷共分积累（"江南"——"内蒙古草原"）、阅读（"敦煌莫高窟"——"新疆"）和写作（"哈尔滨"）三大块，通过旅游这种学生喜闻乐见的情境的设置。主题鲜明地将本学期的学习内容进行"穿线"，对学生的学习水平进行测试和评价。

　　设计本套试卷，主要有以下几个意图：1. 形式上力求改变传统的考卷模式，图文并茂地向学生展示新颖的内容，使学生喜答、乐答、爱答。2. 内容上与新课标、新课改接轨。具体表现在：（1）重点突出对学生积累水平、阅读能力的测试和考查。（2）注重调动学生的积极性、主动性：如让学生写出最喜欢的古诗词，选最喜欢的图片写词语，用自己最喜欢的方式标出答案等。（3）重视对学生情感和态度的评价：如"这学期你最喜欢的人是谁"，"用一句话来概括自己今天的感受"等。（4）通过"这学期学过的古代诗词"、"这学期记住的个性鲜明的人物"等题目，对学生整体把握所学知识的能力进行评价。3. 全面合理地考查学生对知识的掌握情况：如试卷中除了包括上述内容外，还有对学生口语交际能力的测查（怎样同蒙古人民打招呼）。4. 洋溢浓浓的人文气息，本套试卷对学生进行热爱艺术、热爱大自然的人文熏陶，以及热爱祖国、热爱家乡的情感教育。5. 有浓厚的时代气息。本套试卷中对西部风情的介绍、对西北的环境的描绘，都与党中央开发大西北、建设大西北的政策紧密相连，使学生更能体会到"家事、国事、天下事，事事关心"的责任感。

　　本套试卷的创新之处，具体表现在：1. 图文并茂，形式新颖；2. 主题鲜明突出，内容全面；3. 答案不唯一，答题更有趣味；4. 信息量大，除了考查学生知识，更让学生学到了知识。5. 阅读选材集知识性、趣味性、艺术性于一体，更突出评价的多元性。6. 与学生的社会生活紧密相连。7. 注意使用了激励性的语言。

（哈尔滨市团结小学　刘春萍）

第四节　小学高年级语文测试卷改革例说

一、小学高年级语文测试卷编制的具体要求、方法

小学高年级语文期末评价与考试改革是教育教学过程中的阶段性评价，是小学语文评价中的重要组成部分，是对高年级小学生在全学期的知识与能力、过程与方法、情感态度与价值等方面的表现和发展状况的考查及描述，其目的在于帮助教师、学生和家长了解学生发展的特点，帮助学生了解自己的优势和不足，增强学习的信心，并制定进一步修正的计划；帮助教师调整教育教学行为，为有针对性的教育教学提供有价值的依据；有助于家长确切地了解孩子的进步，并加强与学校之间协同，共同促进学生的发展。因此，期末评价与考试既是阶段性的总结，又是促进学生发展的加油站。小学高年级语文期末测试要根据考试的目的、性质、内容和对象选择相应的考试方法，既可以是纸笔测试。也可以是口试、课题研究、情景测试、实际操作等形式。在非毕业年级测试中鼓励采用开卷考试的方法，在综合应用中考查学生的发展情况；同时倡导给学生提供多次考试的机会，同一考试也可多样化呈现，给予学生充分选择的权利和空间，把考试的过程变成促进学生发展的机会。

小学高年级语文期末测试要经过细致的科学分析来编制试卷，并在程序、评定分数、等级和方法上都有十分严格的要求。它具有明确的指向性，编制测试卷必备条件是：效度、信度、难易程度和区分度。考试内容要灵活多样，要重视考查学生分析问题、解决问题及综合应用的能力；重视实践操作，尊重学生的独立思考。考试命题要以课程标准为依据，杜绝设置偏题、怪题的现象。试题指导

语要亲切、生动、富有期待情感，以缓解学生的考试压力。为学生提供更多的实践应用机会，调动学生智力活动的积极性，把某种心理压力之下的被动应考变成强烈兴趣之中的主动探求。同时，试题还要突出对所学知识的整合、应用、实践探究、操作实验以及实际生活问题的解决等，达到诊断、反馈以及促进学生进步和发展的评价功能。为此，我们在编制小学高年级语文测试卷时应明确下面一些基本要求：

1. 要重视基础知识的组合。

在我们编制的试卷中基础知识是试卷考试中的重要组成部分，以知识记忆再现为主的考试，要更灵活、更有复合性，尽可能的要一题多用，使学生的基础知识更扎实，更具有实践性。

2. 要重视基本技能的应用。

在试卷中，学生基本技能的考查要与实际应用紧密结合，在实践中考查学生的某项基本能力。例如，考查学生查字典的能力：

人能用耳朵"听"字，这毕竟是极为罕见的现象。但人用耳朵读书，就一般人来说是完全可以办到的。古人杨大眼就是这种"耳读法"的发明人。杨大眼是我国一千多年前北魏的一员骁将，他屡战屡胜，声名显赫，还有人替他树碑立传。就是这么一个杨大眼，却不识几个字，他每次读书，由人在旁边读给他听，听了就记在心。久而久之，在指挥作战的时候，杨大眼竟能向下级口授报告、命令，这难道不是他耳读的成绩吗？

查字典练习：

1. 读准字音，把带点字的音节写在括号里。

节碑立传（　　），骁将（　　）

2. 理解下面词语在文中的意思。

极为罕见＿＿＿＿＿＿＿＿＿＿＿＿＿＿＿＿＿＿

声名显赫_____

把查字典能力放在阅读短文的考查之中进行。使学生在阅读中感受到查字典的必要，感受查字典解决了阅读中遇到的实际困难是多么有乐趣，从而自觉、主动地养成查字典的好习惯。

3. 要重视阅读能力的体验。

阅读能力是小学生语文学习能力的综合体现，是小学生语文能力考查的重点，但是在传统试卷中往往忽略人文情感的体验，重出题者的意志体现，忽略答题者的情感表达，使答题者的思路格式化，为答题而阅读，为得分而阅读，为考试而阅读。

历经三年的课改实践，我们在试卷命题中，改变了过去的命题格式，转变了叙述角度，这样学生读文的过程就是自我教育的过程。读题的过程就是主观思考的过程，答题的过程就是个人情感体验尽情抒发的过程，答卷的过程就是陶冶欣赏的过程。

例如：盲童的画

在色彩缤纷的少年儿童画展中，我看到一幅没有色彩、线条也极简单的画，那是一幅盲童的画。

雪白的纸上，用圆珠笔画着一个放着光芒的太阳，阳光照耀着一座小屋，小屋前有着淙淙的流水，还有一棵树。寥寥几笔，勾画出一个和平幸福的人家。

走到这幅画前的人们，都会细细地看着这张没有色彩的极简单的画，看得这么久，好像透过这张画，能触摸到这个盲孩子的心灵。

设想一下盲童拿起笔的心情吧：她画一个太阳，那美丽的太阳准是露出红红的脸，放射着温暖的光芒，照在每个人的身上；她画一棵树，那树准是葱绿葱绿的，上面栖留着无数的鸟，唱出悦耳的歌，她好像也听到了它们的合奏；她画一条小溪，那溪流准是清澈见底的，她曾在溪流里洗过手，多么清凉；她画一座小屋，屋里准是充满着亲切的细语，温暖的笑声。这是多么美好的情景啊。

可，她心灵上的色彩，她感觉到的声音，怎么画得出来呢！她只能画这样一幅简单的画，这么疏疏落落的几笔，一个失去视力的孩子，用她那美丽的想像，组成这样一幅和谐的画面，已经很不容易了。

不，就从这没有色彩的画幅上，人们看到了她心灵上的色彩；从这线条简单的构图上，人们听到了她感觉到的声音。谁走过这幅画前，都会觉得这幅画蕴藏着美好的内容：一个热爱生活的盲童在向你招手。一个美丽的生命在祖国温馨的阳光下成长，一颗坚强的、充满希望的心在向你微笑。

①请你用简练的语言概括第一自然段的内容。

②盲童的画上画了哪些景物，请你先用"＿＿＿＿"把有关句子画出来，再按照句子表达的意思把这幅画画在下面的框里。

③请把下面这句话读几遍，想一想还可以怎样表达这样的意思，然后换一种说法写下来。

谁走过这幅画前，都会觉得这幅画蕴藏着美好的内容。

_____

④你看了这没有色彩的画幅想到了什么，反复读一读短文，把自己的感受写成一段话。

_____

_____

4. 要重视习作能力的感受。

习作能力是学生认识能力和表达能力的统一体现，是小学高年级学生语文能力考查的重要组成部分。在大多数实验学校中，教师一般采用选择式考查，让学生在两三道习题中选择自己感受深刻的题目来写，或出一些选材范围比较宽泛的题目，让学生可以根据习作要求自己拟题，一般不出命题作文，这样使学生在作文中能够有话想说，有事可写，有情可抒，有感而发。

5. 要重视课内外的积累。

课内的语文学习只是学生语文学习的一个部分，更多的语文学习在学生的课外学习之中，在具体的生活之中。我们在试卷中也要编制课内外结合的考查内容，鼓励学生自觉地学习语文，用语文，对提高学生语文素养会起到积极促进作用。例如：对学习古诗的考查。原来试卷中考古诗默写，必考本册书中的，这样考不利于扩大学生阅读量和范围，只能考其是否把课文中的古诗倒背如流。课改实验区的教师改变了这一做法，既允许学生默写本学期学习的古诗，也可写课外自学的古诗，如果是课外自学的古诗，还可加分，这样的考试激发了学生主动学习、自发学习的兴趣，使学生在课外主动学习语文并感受到了学习的魅力，产生更加支持学生自学的内在动力。

6. 要重视和正确理解试卷内容的综合性与突出重点相结合的基本原则。

测试卷不但要有一定的覆盖面，即正确体现第三段学生学习的三个维度的发展目标，又要依据测验目的，突出重点，如：期末测验以后半学期教学内容为重点，年段不同，测验重点也要发生变化。例如：在基础知识的考查方法上，低年级测验的重点要以字、词、句为主要内容，中年级以段的读写为重点，到高年级则应以段、篇的阅读为重点。

7. 重视评定等级（评分）标准的制定和操作。

测试卷是否达到测验目的，与试卷的评定标准关系密切，评判标准的拟定要准确、肯定。如判断题、连线题等客观性命题，要注意考查的唯一性，非客观性试题要考虑到发散范围及答案的正确性、合理性。

总之，考试内容的改革使学生在考试中进一步感受到学习的乐趣，产生再学习再探究的愿望，这是促进学生全面发展，培养创新能力的基点。在试题的编制上，我们力求体现课程标准的精神，突出时代特点，多方面、多角度地对学生进行考查、评价。注重体现学生之间的差异，注重实践，充分加强学生学习的主动性和积极性，把期末考试变成学生体验成功的一个契机与载体，把单一功能改为多项功能，使考试在学生成长的道路上发挥更大的积极作用。

二、小学高年级语文测试卷案例

九年义务教育五年制小学语文第十册
素养发展评价试题

亲爱的同学们，五年语文的学习，你一定有不小的收获吧！这套试题会让你对自己的学习有一个全面的评价。只要你仔细审题，认真答题，肯定会取得不错的成绩。相信你自身的实力！有了信心就开始沉着动笔吧。不过老师希望你的试卷始终保持清秀的面孔，祝你成功！

拼音打擂台

1. 按照汉语拼音字母表的顺序，把下列大写字母排列起来，在大写字母下写出小写字母。

E A G R D X W Z H Q N T

大写字母＿＿＿＿＿＿＿＿＿＿＿＿＿＿＿＿＿＿＿＿＿＿

小写字母_____

2. 给带点的字注音。

召集　娱乐　送葬　惩罚　侮辱

某天　规矩　胆怯　衰老　斥责

词语大观园

·1. 写出近义词。

希冀（　）呐喊（　）勤勉（　）

耻笑（　）抵御（　）安静（　）

2. 写出反义词。

藐视（　）勇敢（　）严密（　）

野蛮（　）精致（　）

3. 把下列词语补充完整。

安然无（　）　顶（　）立地　不计（　）数

完（　）归赵　同心（　）力　郑人买（　）

句子万花筒

1. 老师说："同学之间要团结友爱"。（把直接叙述改为间接叙述）

_____

2. "非典"是可以战胜的。（改成双重否定句）

_____

3. 詹天佑是工程师。（扩充句子，至少两处）

_____

4. 不文明的行为，我们怎能袖手旁观呢？（改成陈述句）

_____

5. 明天老师生病不来。明天我照样上课。（用关联词，把两句话并成一句话）

_____

6. 世纪宝鼎表达了中国人民对联合国的美好祝愿。（缩写句子）

_____

7. 昨天晚上，大雪整整下了一天。（改病句）

_____

8. 加上不同的标点，使下列句子表达的意思不一样。

王聪老师叫你去办公室

王聪老师叫你去办公室

王聪老师叫你去办公室

> 你真棒！已经轻松闯过了好几关。稍放松一下，继续加油，胜利在向你招手呢！

古诗文演练场

判断对错，对的打"√"，错的打"×"。

1. 毛泽东是读了陆游的咏梅词后而作《卜算子·咏梅》。（　　）

2. 《长歌行》中"行"是"行走"的意思。（　　）

3. 《七步诗》"萁在釜中然"的"然"同"燃"。（　　）

4. 王昌龄的《出塞》描述的是关内军旅的生活。（　　）

5. "但悲不见九州同"中"九州"指代中国。（　　）

6. 杜甫"生平第一首快诗"是《闻官军收河南河北》。（　　）

7. 《矛与盾》告诫我们说话、办事要实事求是，不要言过其实，自相矛盾。（　　）

8. "何不试之以足"？意思是：为什么不用自己的脚试鞋呢？（　　）

阅读芳草地

后生可畏

"哦！爸爸认输了，爸爸认输了！"随着弟弟的叫喊声，响起了爸爸爽朗的笑声："是啊，我认输了，认输了。"爸爸一边摸着弟弟的小脑袋，一边以慈爱的眼光看着我。我看着弟弟那高兴的样子，脸上也浮现出自豪的笑容。

在我家里，爸爸是权威，说起话来疾言厉色。妈妈也要让他三分。不过，爸爸对我们很好，虽然有时也教训我们几句，但我和弟弟知道，那是为我们好。

这天，爸爸刚送走客人，也不知哪里来的气，在饭桌上就教训起我们来："大人说话，小孩插什么嘴。不说话，还怕把你们当成哑巴？"弟弟受了训，虽然很委屈，张一张嘴却又不知怎么说，只好向我投来求援的目光。我会意了，忙说："小孩子插嘴有什么不好？你这种做法有点'家长制'作风。"当爸爸吐完一根鱼刺要反驳时，我又紧接着抛出两个有力理由："您知道美国的旧金山公立学校吧。他们有一份推荐智力超常儿童的行为表，其中第 21 条就是'在大人说话时经常插嘴'。爸爸，您对这一条怎么理解？"不等爸爸回答，我又接着"放炮"："我国唐朝有个太守阎伯屿。他要重修滕王阁，请人作序。但是在场的名人不敢放肆，都一一谦虚地拒绝了。只有王勃这个年仅 14 岁，乳臭未干的孩子，少年气盛。一口答应。结果呢，他写出的《滕王阁序》名垂千古。爸爸，您对这件事又怎么看呢？"

谁知我这两个理由竟把爸爸"镇"住了，还是妈妈替他解了围。爸爸感慨地对妈妈说："是呀！孩子对问题认识得这样深刻，真是后生可畏啊！"说完，用慈祥的目光看着我，弟弟也仰起小脸望着我。

看着弟弟那天真的小脸，我脸上浮现了一丝胜利的微笑。

阅读加油站

A. 本文采用例叙的写法。

B. "疾吉厉色"一词的意思是：说话急躁，神色严厉，形容发怒时的神情。

C. 王勃：唐朝著名诗人，《滕王阁序》是他的代表作。

1. "谁知我这两个理由竟把爸爸'镇'住了"中的"两个理由"指的是什么，请你概括地写下来。

　　一是＿＿＿＿＿＿＿＿＿＿＿＿＿＿＿＿＿＿＿＿＿

　　二是＿＿＿＿＿＿＿＿＿＿＿＿＿＿＿＿＿＿＿＿＿

2. 用"…………"画出文章中的反问句。

3. 理解题目"后生可畏"在文章里的意思。选择正确的解释打"√"。

　　"后生"原意是晚辈、年轻人的统称，在文中指：

　　① 少年王勃才华横溢，名人都不是他的对手。

　　② "我"能言善辨，驳得爸爸无言以对。

　　③ "我"观点大胆，认识深刻，说理透彻，使爸爸口服心服。

4. 读了短文，你一定有话想说，写下来和老师交流交流。

　　＿＿＿＿＿＿＿＿＿＿＿＿＿＿＿＿＿＿＿＿＿＿＿＿＿

　　＿＿＿＿＿＿＿＿＿＿＿＿＿＿＿＿＿＿＿＿＿＿＿＿＿

5. 读了这篇文章，你有什么问题？写一个。

　　＿＿＿＿＿＿＿＿＿＿＿＿＿＿＿＿＿＿＿＿＿＿＿＿＿

　　习作真情录　《匆匆》五载校园时光，留下多少《难忘的启蒙》：《为人民服务》的高尚思想，《草船借箭》的聪明智慧，《厄运中海伦》的不屈品格，《将相和》的团结精神，以及《卖火柴的小女孩》、《三克镭》的世界历史……让我们更好地《走向生活》，走向未来。

短暂光阴，无限真情。请你选择校园生活中的一件事、一个人……把其中难忘的经历或感受用手中的妙笔写下来。文题自拟。

要求：（1）中心明确，内容具体。

（2）语句通顺，条理清楚。

（3）字迹工整，400字左右。

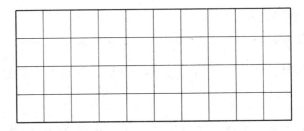

恭喜你全都过关了！是否再检查一遍？

试卷设计说明

针对《语文课程标准》提出的"促进学生发展"评价功能的认识，我在进行小学语文第十册学生素质评价的命题中，力图体现语文课程全新的评价理念：内容的全面性和人文性，方式的趣味性和多样性，过程的自主性和提高性，版面的激励性和开放性。整套试题以图文并茂、新奇的版块形式展示于学生面前，给他们一种耳目一新、亲切的愉悦，激活了思维，减轻了考试紧张的心理负担，促进了学生最大限度地发挥和发展。

拼音打擂台　设计了"以汉语拼音字母排列，根据大写字母写出相应小写字母"和"给带点的字注音"两种题型，旨在考查学生对基础的拼音字母的掌握情况及学生易混淆的平翘舌音。

词语大观园　标准音与习惯性错误音节的区别。通过"写近义词"、"写反义词"、"把词语补充完整"测查学生对词语的理解、积累和运用。因为积累词语是学好语文的重要途径。

句子万花筒 设计了多种多样的句型转换，如"直接叙述改为间接叙述"、"肯定句改为双重否定句"、"反问句改为陈述句"等。又精心设计了加标点，是一句话表达几种不同意思的发散思维训练。同时注重了人文精神的培养，如，"非典，是可以战胜"、"老师说：'同学之间要团结友爱'"等。

古诗文演练场 这一版块设计了8道判断题，主要考查学生对所学古诗作者、背景、词句的理解与积累，考查对古文的初步认识与体会。

阅读芳草地 新课标的价值取向是以学生发展为本，促进学生知识、能力、态度及情感和谐发展。在此版块命题时，选择了《后生可畏》这一结构严谨、哲理深刻的阅读材料，通过文中作者叙述的事例告诉学生："敢想、敢说、敢做"的风气是积极倡导的。在"阅读加油站"为学生提供了三条阅读信息，既减轻了学生对文章理解的难度，又提高了学生的语文素养。另外在阅读思考题的设计上充分尊重了学生的自主权和个性，体现了启发性、激励性、开放性，让学生感受到文本和师生间民主交流的乐趣。

习作真情录 习作是学生语文综合素质的最好体现。为了使学生表达出真情实感，展露奇思妙笔，我以第十册11篇课文的课题为基本内容，别具匠心地设计了一段富有感染力和亲和力的激励语。加之习作题目的自选自拟，极大地唤起了学生习作的欲望的热情，从而进入了不吐不快的最佳状态。

（密山市逸夫小学　阎莉梅）

五年级语文大观园

聪明的孩子，请你到语文大观园里走一走，这里五彩缤纷，有许多奇花异草等着你来采撷，快快行动吧！相信你最行！

积少成多 小魔法师，请你填上一个词，使前四个字，后四个字分别是个成语。

理直（ ）（ ）山河　　万众（ ）（ ）一意

与众（ ）（ ）凡响　　文质（ ）（ ）有礼

我会摘 读一个音的字有（ ）个，请涂成红色，读两个音的字有（ ）个，请涂成绿色。

（树上苹果：散、曲、蒙、角、袄、张）

我分辨 用你炯炯有神的眼睛分辨一下，谁是一组的用线连上。

蜻　威　蜿　协　松　奔
蜒　商　弛　驰　蜓　胁

找朋友 请善良的你帮助它们找到合适的位置。

A 宽阔　　B 宽敞　　C 竟然　　D 果然

这个大礼堂可真（ ）。

汽车在（ ）的马路上奔驰。

天气预报说明天有中雨，第二天（ ）就下起雨来。

强力生病了，我猜想她今天不会来上学了，没想到她（ ）来了。

词语关　同学们，认真看一看，仔细想一想，下雨的图画符合哪个词语，能写几个，并选择你喜欢的词语说一句话。

_____　_____　_____

_____　_____　_____

_____

变一变　换个不同的说法，意思却相同，你能行！

呼啸的狂风淹没了将军的话音。

_____把_____。

_____被_____。

我会写　森林里的啄木鸟，快帮大树伯伯治病吧！

1. 大连的夏天是个美丽的地方。

_____

2. 我认真地完成了各科作业和语文。

_____

万花筒　同学们，听说过天山吗？让我们骑上骏马，饱览无限风光吧！

天山美景

七月间新疆的戈壁滩炎暑逼人，这时理想的是骑马上天山。进入天山，戈壁滩上的炎暑就远远地被抛到后边。迎面送来的雪山寒气，立刻使你感到秋天般的凉爽。蔚蓝的天空衬着矗立的巨大的雪峰，几块白云在雪峰间投入云影，就像雪白的绸缎上绣上了几朵银灰色的暗花。那融（róng rōng）化连绵不断的翠（cuī cuì cuèi）绿的原始森林，密密的塔松像无数撑大的巨伞。夕阳西下，阳光透过重重叠叠的枝丫，在苍绿的苔藓上留下了斑斑点点细碎的日影。小山坡上，一条条清澈见底的小溪两岸，到处是高过马头的鲜花，红、黄、蓝、白、紫，五彩缤纷，绚丽夺目。马走在花海中，显得格外矫健；人浮在花海上，也显得格外精神。在马上你用不着离鞍，只要一伸手，就可以捧到满怀的鲜花。

虽然这时并不是春天，但是有哪一个春天的花园能比这时的天山更美丽？

1. 从文中的括号里选择恰当的读音。

2. 在文中找出下面词语的近义词。

耸立（   ）   酷热（   ）   特别（   ）

3. 照样子，在文中找出描写颜色的词语，并记住它。

雪白、五彩缤纷_____ _____ _____ _____

4. 找出文中的两个打比方的句子，用"——"划出，读一读并填空。

①第一句把_____比作_____。

②第二句把_____比作_____。

5. 根据文章内容填空。

①骑马走在花海中，觉得人_____，

马_____。

② 文中作者具体描写了_____、_____、_____等景物，写出了天山景物的美。

6. 找出文中同诗句"返景入深林，复照青苔上"（王维的《鹿柴》）的情境相似的一句话并写下来。

_____

7. 把文中揭示中心的一句话用"——"画出来。

8. 想一想，全文表达了作者怎样的思想感情？

 聪明的孩子，带着你们的智慧去攀登能力的高峰吧！

生活中你了解哪些诗人？你读过他的哪些诗？（知道多少写多少）

_____

_____

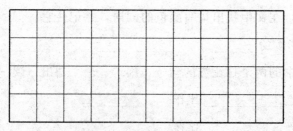 在五年的小学生活中，有多少难以忘怀的事情啊！从"成功了"和"失败了"两个题目中任选一题，写篇作文回忆你的小学生活，先确定中心，再根据中心选择材料，叙述时要注意写清为什么"成功了"或"失败了"。

<table>
<tr><td></td><td></td><td></td><td></td><td></td><td></td><td></td><td></td><td></td></tr>
<tr><td></td><td></td><td></td><td></td><td></td><td></td><td></td><td></td><td></td></tr>
<tr><td></td><td></td><td></td><td></td><td></td><td></td><td></td><td></td><td></td></tr>
<tr><td></td><td></td><td></td><td></td><td></td><td></td><td></td><td></td><td></td></tr>
</table>

评一评 大观园里真神奇，你学会了哪些知识，说给爸爸妈妈听，猜想一下爸爸妈妈会说些什么？

_____ 你得了 _____

颗星，等级_____ 附加_____颗星。

试卷设计说明

随着课程改革的深入，评价改革已成为教师关注的焦点。小学生语文素养发展评价改革势在必行，在加强对学生形成性评价的同时，我也对作为终结性评价的考试命题作了大胆尝试和探索。

一、内容的全面性

本次五年级的大观园设计全面考查学生的语文综合素养，既重视考查学生对基础知识的掌握情况，又重视考查学生分析问题，解决问题的能力，促进学生语文能力结构的不断完善。

第一部分："积少成多，我会摘"。而我没有单单局限在字词的掌握上测查，也体现了学生的造词能力，由一个词，组成两个词，同时也能组成第三个词，灵活多样。在多音字的测查上，打破了以往组词的方式，让学生独立按要求填空并染色，考验了学生的认识能力。

第二部分："我分辨，找朋友"。不仅重视学生解决问题的结论，而且重视得出结论的过程，学生通过推理、判断做出选择，发展了解决问题的灵活性和创造性，同时也了解学生的用词能力，考查学生能否在具体的语句中运用词语。

第三部分："词语关，变一变，我会写"。从不同角度，全面考查语文能力和语文素养。"让学生根据图形写词语，再选择自己喜欢的说一句话"，图画贴近生活，联系生活实际说出自己想造的句子，由形象直观的图画引入，使学生愿意把句子写正确。

第四部分："万花筒"和"我积累"这部分是语文学科知识的综合测查，包括字、词、句、段、章方面，因此，我精心设计问题的形式，根据课程标准，使对学生的情感、态度、价值观评价成为设计考题的重要内容。学生在课外会了解许多教师、试卷无法测查到的内容，因此，附加题目的设计给学生创造空间，怎么写、写多少都可以，使学生在考试中体验到愉悦和成功，增强自信心，形成

"乐学、乐考"情感体验和态度体验。

第五部分："我抒怀"。让学生在自己的真实成长历程中搜索资料，贴进学生的生活，使学生有意识的做出选择，愿意表达出自己的真情实感，打破了以往的命题作文模式。最后"我评价"鼓励学生畅想一下，把自己学到的知识讲给父母，父母会对自己说些什么？也同时体现出学生对自己测查过程的一次评价。

二、考试方式的多样性

试卷设计上尽量采用形式多样的方法，让学生有独立思考和实践操作的机会，让他们用自己擅长的表现方式，把自己的学习体验与认知过程呈现出来，使终结性考试既是一次测试，同时也是一次学习的过程。试题的版面设计采用图文结合的形式，像"小帆船、卡通人、啄木鸟、猫头鹰"。贴进学生的生活，走进孩子的圈子。试卷以"大观园"为题，以带有对话形式的激励走近学生，与学生进行交流。字体上也做了改变，字形多样，感官舒适。

三、考试形式的趣味性和激励性

活泼的版面，新奇的构思，精彩的开场白，激励性提示语似一个个加油站，使学生不甘落后，力争上游。让学生感到生活处处皆语文，一个多小时的测试，学生不慌不忙，同时又兴趣盎然，又像在同新朋友交谈，轻松自如地把自己语文水平真实地发挥出来。

四、考试评价情感化

当然，考试的改革还需要教师们的实践和总结，但考试的宗旨不变，是发现和发展学生的潜能，激发学生主动学习的愿望，帮助学生树立自信心，增强学生的自我反思能力，帮助学生形成良好的学习习惯。

（佳木斯第七小学　刘妍）

小学语文六年级上学期期末测试卷

亲爱的同学们：

你们好！我是"智慧庄园"的三毛博士，欢迎你们来"庄园"里作客。"入宝山不能空手归"，今天，我已把无数的宝藏，珍藏在了"庄园"的许多迷宫里，就等着你们自己去闯宫寻宝了！你们准备好寻宝的工具——纸和笔了吗？快拿出你们的勇气、胆识、智慧、灵感来，随我进宫去吧！……

一、前面是"智慧大峡谷"闯闯看

每小题得星数	全正确	80％以上正确	60％以上正确
	5	3	1

1. 认识我吗？写出来吧！

chū bǎn　　zhú fá　　huī xié　　pí qì　　dàn shēng yuán liàng
（　　　）（　　　）（　　　）（　　　）（　　　　）（　　　　　）

2. 前面有"沼泽"，画"×"指出来。

缩（suō suò）　　短　兴（xīngxìng）奋　　简朴（pǔbǔ）

即（jí jì）兴　　似（sì shì）的　　　享（xiǎng xiáng）受

3. 词语迷宫，多加小心呀！

xī：　爱（　　）（　　）灯（　　）牲

méi：眼（　　）（　　）体（　　）矿

4. 成语"裂缝"，能通过吗？

狐（　　）虎威　　居高（　　）下　　（　　）不应求

兴国安（　　）　　盛气（　　）人　　和（　　）可亲

没（　　）打采　　身（　　）其境　　不计其（　　）

应接不（　　）　　翠色（　　）流　　一丝不（　　）

5. 选送词语归队，继续向前走。

无论……都……　　　虽然……但是

注目　注视　经常　照常　表现　表演

雄壮　雄壮　赞扬　赞美

今天，佳木斯下了入冬以来的第一场雪，可是我们第九小学的升旗仪式（　　）在风雪中开始。（　　）全校同学都睁大了眼睛（　　）着五星红旗在风雪中冉冉升起。（　　）的国歌让我们想到了无数的解放军战士，他们（　　）遇到多大的艰难困苦，为了国家的安宁，他们（　　）能努力克服，而我们今天遇到的小小的困难又算得了什么呢？同学们的这种表现得到了学校领导和老师的（　　）。他们表扬我们说："同学们！你们的（　　）非常好，今天的升旗仪式是令人难忘的。"

6. 请你快让病句恢复健康吧！

(1) 随地吐痰的人，是一种不文明的习惯。

(2) 这棵大树枝叶繁荣。

(3) 爸爸眼睛的目光被餐桌上的诗吸引了。

7. 改写句子，巧对暗语"芝麻开门"。

乡村的夜晚使我陶醉。

"被"字句：＿＿＿＿＿＿＿＿＿＿＿＿＿＿＿＿＿＿。

"把"字句：＿＿＿＿＿＿＿＿＿＿＿＿＿＿＿＿＿＿。

感叹句：＿＿＿＿＿＿＿＿＿＿＿＿＿＿＿＿＿＿。

反问句：＿＿＿＿＿＿＿＿＿＿＿＿＿＿＿＿＿＿。

8. 按原文作答。冲出"智慧大峡谷"。

(1) "使弈秋海二人弈，其一人专心致志，惟弈秋之为听；一人虽听之，一心以为有鸿鹄将至，思援弓缴而射之。"是《学弈》中的句子。其中"海"的意思是＿＿＿＿＿＿。"思援弓缴而射之"的意思是＿＿＿＿＿＿。

(2) "＿＿＿＿＿＿＿＿＿＿，＿＿＿＿＿＿＿＿＿＿。千磨万

击还坚劲,任尔东西南北风。"这首诗是_____代诗人郑燮写的《   》。其中"任"的意思是_____。诗的后两句的意思是:_____。这首诗表达了作者_____。

祝贺你成功闯出"智慧大峡谷",收获真大呀!继续下去吧!

二、瞧瞧阅读新天地,驰骋"智慧大草原"

(一)课内阅读:《凡卡》片断

课内阅读得星数	全正确	80%以上正确	
	5	3	

天气真好,晴朗,一丝风也没有,干冷干冷的。那是个没有月亮的夜晚,可是整个村子——白房顶啦,烟囱里冒出来的一缕缕的烟啦,披着浓霜一身银白的树木,雪堆啦,全看得见。天空撒满了快活地眨着眼的星星,天河显得很清楚。仿佛为了过节,有人拿雪把它擦亮了似的……

①作者的描写顺序是从_____到_____。

②写出下面词语的反义词或近义词。

反义词:清楚——(   )近义词:仿佛——(   )

③用"——"画出拟人句。

④此处景色的描写,反映了凡卡_____的心情。

(二)课外阅读:《向蜘蛛求教》片断

课外阅读每题得星数	全正确	80%以上正确	60%以上正确
	5	3	1

东汉时期,有一个采桑女被蜂群蜇了一下,皮肤红肿了,头痛得难受,她急忙去找当时的有名医生——华佗治疗。华佗诊断后,认为是中了蜂毒,没有办法治好。采桑女只好忍着痛,回家去了。

事后,华佗一直惦记着这件事。一次,他在院子里散步,忽然看见一只小蜘蛛正向被蜘蛛网粘牢的一只大黄蜂爬去。大黄蜂拼命挣脱着……当蜘蛛爬近黄蜂的时候，凶狠的大黄蜂猛然转身蜇了蜘蛛一下。蜘蛛中了蜂毒，缩着身子跌落在地上。

蜘蛛吃力地向潮湿的青苔那边爬去，它不停地在青苔上打滚摩擦。不一会儿，蜘蛛又灵活地爬到自己织的网上，继续同大黄蜂搏斗。但是，蜘蛛又被黄蜂蜇了，它又爬到青苔那边去打滚摩擦。这样经过几个回合，大黄蜂体内的毒汁已经耗尽。最后，大黄蜂还是被蜘蛛吃了。

华佗看得入了神，他从小蜘蛛受到启发：青苔有清凉、解毒的功能。后来，他用青苔做成药膏，治愈了许多中了"蜂毒"的人。

1. 你读得真认真！下面是关于上文的问题，想试一试吗？

（1）读句子，说说加点的词语还可以用哪些词语来代替。写在括号里。

①不一会儿，蜘蛛又灵活（　　）地爬到自己织的网上。

②青苔有清凉、解毒的功能（　　）。

③后来，他用青苔做成药膏，治愈（　　）了许多中了"蜂毒"的人。

④她急忙去找当时的有名（　　）医生——华佗治疗。

（2）缩句。

①蜘蛛吃力地向潮湿的青苔那边爬去。

_____

②采桑女只好忍着痛回家去了。

_____

③蜘蛛又灵活地爬到自己织的网上。

---

2. 继续努力，再想像推理一下，你一定能行！

（1）大黄蜂在网上怎样拼命挣扎的？

（2）用自己的话说一说蜘蛛是怎样同这只大黄蜂搏斗的？最后结果如何？

（3）华佗是怎样向蜘蛛求教的？求教后有什么收获？

3. 开动脑筋，发挥潜能，加油！

从华佗向蜘蛛求教一事，你受到了什么启示？你有过类似的经历吗？如有请略做表达。

"智慧大草原"宽阔无比，你的才能更现精彩！OK

三、写写我的世界给你看

看能力标准和语文标准定得星数	全正确	80%以上正确	60%以上正确
	5	3	1

材料：每到放学的时间，校门前的整条街道便会沸腾起来……

提示：请把你见到的、听到的、想到的，或自己怎么做的，有什么体会和感受等表达出来。你认为学生应该成为怎样的人？要求：自己拟个题目写一写，语句通顺，表达意思正确、完整，不写错别字。

冲刺到底，尽善尽美，棒极了！耶！

口语交际测试卷

时间：90 分钟

评价标准	同学 90％以上赞同	60％以上赞同	60％以下赞同
得星数			

请你从以下三个问题中任选一题，思考片刻，作口语交际测试。

1. 课余时间里你读过许多好书吧，能从中选取一本书介绍给全体同学们，与大家共同欣赏吗？

介绍时，注意说清楚书的名字和书的大概内容，最好能说说这本书体现了作者怎样的思想、情感。

2. 你从电视里看到过记者采访的场面吧？这次我们也来过把小记者的瘾。

采访对象：全体同学、老师。

提 示：采访时可根据对方特点提出问题；可自拟大家关心的话题，请对方谈看法。

要 求：被采访者要认真回答小记者的提问。

3. 你从小到大，一定有很多奇特的发现吧？把你发现的事情和同学们交流一下，来共同品尝发现的快乐。

注意，要把发现的过程说清楚。

你有伶牙俐齿吗？

你有三寸不烂之舌吗？

你有诸葛亮舌战群儒的智慧吗？

快来展示一下你的风采吧！

综合性学习测试卷

时间（一星期）

春节快要来到了，同学们一定十分盼望过春节。因为过春节，在给长辈们拜年的同时，能收到许多数量不等的红包——钱。请你在一周的时间里，在同学们中间进行友情调查，调查"能收到红包的人数"、"钱的总数"、"怎样支配这笔钱"、"收红包的利与弊"等项目（列表统计），并写一份详实的调查分析报告。

评价标准：1. 能实地调查，数据可靠；

2. 观点鲜明、正确；

3. 总结报告设计新颖，详实可信，条理清楚，分析具体，有说服力。

符合三条标准的，获得红星五颗，略有差距的获红星四颗，差距较大的获红星三颗；抄袭、应付的视为不合格，应再努力。

评价方法：1. 家长参评；

2. 学习小组互评；

3. 师生共评。

别忘了请家长当参谋，别忘了与同学好好合作哟！

试卷设计说明

《语文课程标准》把义务教育阶段的语文教学分成识字、阅读、习作、口语交际、综合性学习五个方面，六年级上册语文教学就是以这五个方面来实施评价的。试卷的整体设计意图，是以"课程标准"为指导，以教材的知识点、能力要求为主要内容，力求体现趣味性、灵活性、实践性和综合性，不以单一的"书面"测试作为评价学生的标准，而是把"综合性学习"测试、"口语交际"测试与

"书面"测试结合起来，全面地考核学生的综合能力，发现和发展学生的潜能。在评价方法上采用"星级式"评价，分五星、三星、一星三个等级，没有达到星级标准的学生暂不评定，由教师做学生的思想工作，鼓励他下学期继续努力，达到一星级。

书面测试

1. 测试内容：识字与写字、阅读、习作。

2. 测试时间：在90分钟内完成书面测试。

3. 出题意图：

①"智慧大峡谷"部分，集中体现对学生基础知识的检测，从字的书写、词语的运用、句子意思的正确表达等方面检测学生的基础能力。

②"瞧瞧阅读新天地"部分，是对学生的阅读能力及想像推理能力等进行检测。

③"写写自己的世界"部分，重点检测学生平时对身边事物的观察能力，独特的感受能力，对生活及自身成长的认识、理解、感悟能力，以及乐于书面表达的习作能力等。

4. 创新点：

①卷面突出人情味，在严肃、紧张的考场上会让学生的心中充满阳光，心情轻松愉快。

②考试内容和形式新颖多样，将课堂知识与课外知识相结合，重在考查学生的综合能力。

5. 评价标准：

①"智慧大峡谷"及"瞧瞧阅读新天地"部分，以应答的字、词、句子的量为标准，正确率100％为五星，80—99％为三星，60—79％为一星。

②"写写自己的世界"部分，按能力标准和语文标准两项来

评定。

能力标准：联想、想像能力，观察、体验、感受能力各为10％。

语文标准：取材能力、文章结构能力、文字书写能力、语言表达能力、提炼中心能力，各为10％。

上述两项标准100％为五星，80—99％为三星，60—79％为一星。

得星数	等　级
60—65	优
50—59	良
40—49	合格
39以下	再努力

③累计正确率。

口语交际测试

1．测试内容：

①介绍一本好书。

②模拟小记者。

③奇特的发现。

2．测试方法：

①自由选题。

②口语交流、模拟表演。

③时间：90分钟。

3．出题意图：激发学生的参与意识，培养学生学会倾听、表演、表达、交流的能力。

4．创新点：

①注重能力的培养，不把记忆性知识做为检测对象。

②从勇于参与、积极发言、尊重对方、语言文明、表达完整上

重点检测。

5. 评价标准：师生共评，90％以上赞同的获红星5颗，60％以上获红星3颗，60％以下的获红星1颗。

综合性学习测试

1. 测试内容：围绕学生在过春节时收"红包"的事，展开友情调查，写一份详实并有说服力的调查报告。

2. 测试时间：一周内完成试卷。

3. 出题意图：结合学生自身的生活实际，考查他们关注生活、辨别是非、策划实践、合作探究、写实施计划、书面总结等能力。

4. 创新点：

①变课堂的封闭式考试为开放的综合性考试。

②重视考查学生分析问题、解决问题、关注生活、亲自实践及创新等能力。

5. 评价标准：

①能实地调查，数据可靠。

②观点鲜明、正确。

③总结报告设计新颖、详实可信、条理清楚，分析具体、有说服力。

符合上述标准的为五星级，略有差距的为四星级，差距较大的为三星级。不认真做、应付或抄袭的视为不能进星级。

6. 评价方法：

①家长先参评。

②学习小组互评。

③师生共评。

（佳木斯市第九小学　王桂芹）

后　　记

2004 年春,《小学语文评价与考试改革》终于在全体编者的共同努力下完稿了。

这本由黑龙江教育出版社出版的小学语文新课程评价改革用书,是我们编写人员学习新课程,研究、总结新课程评价改革的初步经验与成果,其中一大部分经验是实验区教师的实践结晶。仅供参与我省今年全面启动的"十五"规划重点课题,从事《小学语文学习能力评价改革实验项目》研究的广大基层小学语文教师学习和借鉴。

由于小学语文新课程革故鼎新的力度前所未有,小学生语文能力评价改革的课题涉及面广、难度大,所以我们对新课程小学语文评价与考试改革的理解与研究还仅仅是浅层次的,有待于我省广大教师、教研员、小语教育工作者进一步努力研究与探索。同时,我们也衷心希望所有的读者,尤其是一线小学语文教师为本书提出修改意见,并提供宝贵的实践经验。让我们共同携手,为了新世纪每一个学生的健康发展,以饱满的热情,积极投身到这场波涛汹涌的课程改革洪流之中,破浪前行,向人民再交一分满意的答卷。

本书各章节的编写人员,绪论:郑丹,第一章:黄慧兰,第二章:王俊杰、夏迎春、果乃玉、李丽君,第三章:李娜、刘军、刘颖娇等(教学个案作者姓名、单位在各章节后面)。